Carl Beyer

Geschichte der Stadt Erfurt bis zur Unterwerfung unter die Mainzische Landeshoheit im Jahre 1664

Europäischer Geschichtsverlag

Carl Beyer

Geschichte der Stadt Erfurt bis zur Unterwerfung unter die Mainzische Landeshoheit im Jahre 1664

1. Auflage | ISBN: 978-3-73400-773-6

Erscheinungsort: Paderborn, Deutschland

Erscheinungsjahr: 2015

Europäischer Geschichtsverlag ist ein Imprint der Salzwasser Verlag GmbH, Paderborn.

Nachdruck des Originals von 1893.

Carl Beyer

Geschichte der Stadt Erfurt bis zur Unterwerfung unter die Mainzische Landeshoheit im Jahre 1664

Europäischer Geschichtsverlag

Neujahrsblätter.

Herausgegeben von der Historischen Kommission
der Provinz Sachsen.

17.

Geschichte der Stadt Erfurt

bis zur

Unterwerfung unter die Mainzische Landeshoheit
im Jahre 1664.

Von

Dr. Carl Beyer,
Oberlehrer an der städtischen Realschule und Stadtarchivar.

Halle.
Druck und Verlag von Otto Hendel.
1893.

An der Stelle der Gera, wo die aus den Wendenländern
nach Thüringen und Franken führende Handelsstraße den
Fluß auf einer Furt überschritt, ist schon in früher Zeit eine
Ansiedelung germanischer und slavischer Leute entstanden, die
infolge des regen Handelsverkehres zu einem größeren Orte
anwuchs. Der älteste uns bekannte Name desselben ist Erphes-
furt, d. h. die Furt des Erpo, eines Ansiedlers, der vielleicht
den Reisenden beim Übersetzen in irgend einer Weise behilflich
war und dafür eine kleine Abgabe erhob. Diese Erklärung
des Namens ist die einfachste und natürlichste und jedenfalls
ebenso berechtigt wie die künstlichen Deutungen Gerafurt, Heer-
furt, Pferdefurt, Viehfurt u. a. Wer der Eigentümer des
Ortes war, als Bonifatius in das Land kam, wissen wir nicht.
Die Sage erzählt, daß ein thüringischer König Merwig auf
dem Petersberge eine Pfalz erbaute, zu der auch Erfurt ge-
hörte. Nach dem Untergang des einheimischen Königsgeschlechtes
seien dann die Frankenkönige Erben und Eigentümer der Pfalz
und der zugehörigen Orte geworden. Ein historischer Kern
mag in der Sage stecken, und es ist nicht so unmöglich, daß
das von Bonifatius errichtete thüringische Bistum von Königs-
hand mit dem Orte Erfurt beschenkt wurde. Auf diese Weise
erklärt sich auch ohne Schwierigkeit, wie dieses an Mainz gekommen ist. Als sich nämlich herausstellte, daß der Ort für
einen Bischofssitz doch nicht ansehnlich genug war, was der
Papst schon vermutet hatte, und daß auch die Einkünfte für
den Unterhalt eines Bischofs nicht ausreichten, da hat wahrscheinlich Bonifatius seine eigene Einrichtung wieder aufgehoben

und den Erfurter Sprengel mit dem Mainzer vereinigt, zumal in ganz Thüringen kein anderer größerer Ort vorhanden war, wohin das Bistum hätte verlegt werden können. Die Güter desselben wurden zum größten Teil der Mainzer Kirche zugewiesen, darunter auch Erfurt selbst, während nur ein kleiner Teil der Marienkirche verblieb, die Bonifatius in der Absicht gegründet hatte, daraus eine Kathedralkirche hervorgehen zu sehen. Dieser Annahme gegenüber vertreten viele Chronisten die Ansicht, daß Otto I. seinem Sohne, dem Erzbischofe Wilhelm von Mainz, unter anderen Gütern auch Erfurt geschenkt habe, um denselben für die Einschränkung zu entschädigen, welche die Mainzer Diöces durch das zu errichtende Erzbistum Magdeburg erfahren mußte. Unmöglich erscheint das nicht, aber es ließen sich trotz aller Nachforschungen Beweise dafür nicht auffinden. Thatsächlich gehört Erfurt seit seinem ersten Hervortreten in der Geschichte den Erzbischöfen von Mainz, die nicht nur geistliche Oberhirten waren, sondern sich auch im Besitz aller Hoheitsrechte befanden. Wir müssen uns das Erfurt des 10. Jahrhunderts noch als ein von hörigen Leuten bewohntes Dorf denken, das sich erst allmählich zu einer Stadt entwickelte. Die Erzbischöfe hielten sich in der älteren Zeit öfters in dieser ihrer thüringischen Besitzung auf und betrachteten sie als ihre zweite Residenz. Zunächst verschafften sie ihr das Marktrecht, was um so leichter war, als sich schon seit Karls des Großen Zeiten in Erfurt eine Art Marktverkehr dadurch entwickelt hatte, daß die nach den Slavenländern ziehenden Kaufleute hier ihre Waren den königlichen Beamten zur Durchsicht nach verbotenen Gegenständen vorlegen mußten. So wurde Erfurt ein Stapelplatz und dann ein großer Marktort, der fast ganz Thüringen mit allen Lebensbedürfnissen versah. Zum Schutze desselben siedelten die Erzbischöfe darin

ritterliche Ministerialen an, deren Grundstücke sie, soweit die⸗
selben in der Stadt lagen, von allen hofrechtlichen Diensten
und Abgaben befreiten, unter Vorbehalt jedoch eines geringen,
am Martinstage zu entrichtenden Zinses, des sogenannten Frei⸗
zinses, durch dessen Empfang sie ihre Eigenschaft und ihr Recht
als oberste Grundherren sich bewahren wollten. In derselben
Weise verfuhren sie mit den Höfen und Häusern, welche die
von auswärts kommenden Kaufleute in der Absicht erwarben,
sich des Handels wegen in dem Marktplatz niederzulassen. Die
Inhaber dieser so befreiten Güter wurden freie Leute, und
erst durch die Einrichtung der Freigüter entstand in dem nun⸗
mehr zur Stadt gewordenen Dorfe eine freie Bürgerschaft, die
den wichtigsten Teil der Bevölkerung bildete. Die Befreiung
war aber nur eine solche von hofrechtlichen Leistungen an den
Erzbischof als Grundherrn; dagegen waren die Bürger ihm
als Stadtherrn, als ihrem Fürsten, zu allen Abgaben ver⸗
pflichtet, die er in dieser Eigenschaft von ihnen fordern konnte.
Sie mußten daher Steuern bezahlen, Kriegsfolge leisten, Wache
auf Thoren und Türmen thun und sich auch fügen, wenn er
in besonderen Fällen erhöhte Geldforderungen an sie stellte.
Über die Verwendung der Abgaben wurden die Bürger nicht
befragt, darüber verfügten allein der Erzbischof und das Dom⸗
kapitel in Mainz. Die Verwaltung der Stadt geschah nur
durch erzbischöfliche Beamte und nur im Sinne und nach An⸗
weisung ihres erzbischöflichen Herrn. Der Vitztum, aus dem
mainzischen Ministerialengeschlechte derer von Apolda, vertrat
den abwesenden Erzbischof; er hatte das Stadtsiegel in Ver⸗
wahrung, auf dem Erfurt die getreue Tochter von Mainz ge⸗
nannt wird. Der Kämmerer verwaltete die eingehenden Gelder
und legte darüber Rechnung, während der Marschall für die
Unterhaltung der Mauern und die Verteidigung zu sorgen

hatte. Beide wohnten zusammen mit den andern Hofbeamten, dem Truchseß und Schenken, in dem Krummhaus, der erzbischöflichen Pfalz an der Nordseite des Marienhügels. Der Marktmeister beaufsichtigte den Markt und die Straßen, und dem Münzmeister lag die Prüfung der von den Münzern, den sogenannten Hausgenossen, geprägten Münzen ob. Außer den genannten Beamten hatten auch die Richter einen Anteil an der Verwaltung. Der Brühler Schultheiß saß dem Gericht vor, welches er auf dem Hofe des Krummhauses für die Hörigen der Stadt sowohl, wie für die des Brühles und der zum mainzischen Vorwerk im Brühle gehörigen wendischen Küchendörfer abhielt. Der Stadtschultheiß hatte den Vorsitz im Stadtgericht über Marktfrevel und in Civilsachen. Ursprünglich war er der Richter über die Hörigen des Dorfes Erfurt gewesen, dann aber, als die Zahl der freien Bürger zunahm, zum Stadtrichter über die Freien geworden, während die Hörigen dem Brühler Schultheißen zugewiesen wurden. Es war ungewöhnlich, daß ein erzbischöflicher, d. h. in diesem Falle ein grundherrlicher Richter über Freie zu Gericht saß. Diese hatten ihren Gerichtsstand vor dem öffentlichen d. h. dem königlichen Richter, also vor dem Grafen, oder wie es in Städten üblich war, dem Stadtvogte. Er war der eigentliche Stadtrichter, hielt den Stab im Namen des Königs, urteilte aber selbst eigentlich nur über Kapitalverbrechen, während er zur Aburteilung geringerer Vergehen den Stadtschultheißen ernannte, der also ein königlicher, nicht grundherrlicher Beamter sein sollte. Die Vogtei über Erfurt hatten seit alters die Grafen von Tonna oder von Gleichen in erblichem Besitz, die sich zuweilen auch Herren oder Grafen von Erfurt nennen. Ihr Verhältnis zur Stadt und zum Erzbischof ist bisher noch nicht genügend aufgeklärt. Sie waren zugleich Vögte des benach=

barten Petersklosters und besaßen in der Stadt selbst so großen Grundbesitz und so mancherlei Rechte, daß sie in der älteren Zeit Grundherren über einen Teil Erfurts gewesen zu sein scheinen. Die Erzbischöfe haben sie dann aus dieser Stellung verdrängt oder ihnen die daraus entspringenden Rechte gegen Überlassung der Vogtei über die ganze Stadt abgekauft. Die Vogtei selbst ging von den Landgrafen zu Lehen, doch haben die Erzbischöfe das Recht der Belehnung auch an sich gebracht, sodaß seit dem 13. Jahrhundert die Vögte wie mainzische Beamte erscheinen. Es sind unklare Verhältnisse, in die man vergebens Licht zu bringen gesucht hat. Sicher ist, daß die Erzbischöfe von Mainz im 12. Jahrhundert alleinige Stadtherren und im Besitz aller der Rechte waren, die etwa noch andere neben ihnen früher hatten geltend machen können.

Bis zur Mitte des 13. Jahrhunderts waren die Erzbischöfe unumschränkte Herren von Erfurt. Als solche werden sie sowohl von den Königen und Kaisern, wie von den benachbarten Landesherren, insbesondere von den Landgrafen von Thüringen angesehen. Daher ist auch das Schicksal dieser mainzischen Landstadt Erfurt bis zu dem genannten Zeitabschnitt auf das engste mit dem ihres Herrn und seines Stiftes verknüpft. Ihre Zugehörigkeit zu dem Lande des ersten Kirchenfürsten im Reich hat ihr manchen Vorteil gebracht, sie teilte aber auch alle die Leiden, welche über das Mainzer Erzstift hereinbrachen. Wie die Erzbischöfe nicht selten Provinzialsynoden in Erfurt hielten, so war es ihrem Einflusse, den sie als Reichserzkanzler übten, zu verdanken, daß ihre thüringische Residenz öfter als Sitz für Reichstage und Reichssynoden auserwählt wurde, denen die Könige und Kaiser präsidierten. Manchmal nahmen diese bei ihrem Wanderleben auch einen kürzern oder längern Aufenthalt in der Stadt, wo sie im Marienstift, später im Peterskloster abstiegen. Zu so friedlichen Zwecken sah Erfurt Ludwig den Deutschen, Heinrich I., Otto II., Heinrich III., Heinrich IV., Heinrich V., Friedrich I., Friedrich II., und Rudolf I. in seinen Mauern. Von den Synoden seien erwähnt die von 1073 und 1074, die so stürmisch verliefen, weil der Erzbischof auf der Leistung des Zehntens aus ganz Thüringen bestehen wollte. Unter den Reichstagen ist der denkwürdigste der, auf welchem Heinrich der Löwe vor Friedrich I. sich beugte. Einige Jahre später ereignete sich jenes Unglück im Marienstifte, bei welchem Heinrich VI. nur mit knapper Not einem scheußlichen Tode in den Cloaken entging. Der letzte Reichstag fällt schon in die Zeit, wo die Erzbischöfe einen Teil ihrer Stadtherrlichkeit verloren hatten. Er wurde 1289 von Rudolf von Habsburg abgehalten, der ein ganzes Jahr lang im Petersklofter sich aufhielt und von hier aus die Landfriedensbrecher unerbittlich verfolgte. Die Erinnerung an den Aufenthalt dieses ersten Habsburgers lebt noch heute in Erfurt fort. An dem sogenannten grünen Montag wird, wie die Leute glauben, der Tag gefeiert, an dem der König mit den Bürgern auszog, um ein benachbartes Raubschloß zu zerstören.

Synoden und Reichstage waren Glanzpunkte in der Geschichte der Stadt, und gern sahen die Bürger die Fürsten mit ihrem Gefolge einziehen, da durch den erhöhten Verkehr der Kaufmann und der Handwerker auf einen größeren Verdienst rechnen konnten. Aber nicht immer waren die Könige und Kaiser Freunde der Mainzer Bischöfe; es kamen auch Zeiten, wo sie Erfurt als die Stadt ihres Feindes mit Waffengewalt betraten und schwer heimsuchten. Das geschah besonders in jenen Tagen des großen Streites mit dem Papst, wo die Erzbischöfe oft des letzteren Partei ergriffen. So war Sifrid I. ein Hauptgegner Heinrichs IV. geworden, wofür dieser sich

1080 dadurch rächte, daß er Erfurt einnahm und plündern ließ, wobei fast die ganze Stadt in Flammen aufging. Dann geschah es, daß in den Kampf der Gegenkönige Philipp und Otto sich ein Streit zweier Erzbischöfe um den Mainzer Stuhl mischte. Lupold setzte sich in den Besitz von Erfurt und ließ König Philipp ein, während Sifrid an Otto IV. sich anschloß. Dieser ließ durch seinen Verbündeten, den Landgrafen Hermann, die Stadt hart belagern, während vom Böhmenkönige gesandte Steppenreiter die Umgegend in der furchtbarsten Weise verheerten. Als später Otto IV. nach Thüringen kam, um Sifrid für seinen Abfall zu bestrafen, wurde Erfurt unter schrecklicher Verwüstung der Umgegend abermals belagert, aber auch diesmal trotzten die Mauern allen Anstrengungen des Königs.

Als schlimme Feinde der Erzbischöfe zeigten sich oft auch die Landgrafen von Thüringen, die bald im Bunde mit dem Reichsoberhaupt, bald auf eigene Hand der getreuen Tochter von Mainz den empfindlichsten Schaden zufügten. Landgraf Ludwig zerstörte sogar auf Befehl Kaiser Friedrichs I. im Jahre 1165 die Stadtmauern, deren Wiederaufbau erst auf Bitten Erzbischof Christians gestattet wurde.

Aber auch die Erzbischöfe selbst waren nicht immer gute Freunde ihrer Stadt. Rücksichtslos legten sie derselben die schwersten Steuern auf, um die Mittel für ihre Kriege oder die Reichshilfe zu gewinnen. Besonders hart zeigte sich darin Sifrid III., der aber dadurch zugleich den Widerstand seiner Erfurter Unterthanen herausforderte. Sie wurden der großen Geldzahlungen für Zwecke, die der Stadt ganz fremd waren, überdrüssig und verlangten Anteil am Stadtregiment, wenigstens an der Verwaltung und Verwendung der aufgebrachten Gelder. Doch bevor sie diese Forderung durchsetzten, kam es 1234 zu

einer offenen Widersetzlichkeit, indem sie dem Erzbischof die
Kriegsfolge verweigerten. Das trug zwar der Stadt des
Kaisers Acht und den Bann des Erzbischofs ein, und bei der
Wiederherstellung des Friedens hatte sie eine große Geldsumme
an ihren Herrn zu entrichten, aber der erste Versuch, das
Schicksal der Stadt von dem des Erzbischofs unabhängig zu
machen, war doch gemacht, und das reizte zu weiteren Schritten.
Demselben Sifrid, dem die Bürger 1234 unterlegen waren,
trotzten sie zum zweiten Male im Jahre 1242, indem sie die
Partei Kaiser Friedrichs II. ergriffen, der ihnen dafür einen
Schutzbrief für ihre Personen und Sachen ausstellte. Der
Erzbischof freilich beantworte diese Eigenmächtigkeit mit dem
Interdikt, das zwei Jahre lang auf der Stadt lastete, bis
auch hier wieder das Geld eine Versöhnung herbeiführte. Noch
einmal hatte Erfurt als mainzische Stadt unter den Heim=
suchungen zu leiden, welche des Erzbischofs Feinde über sie
brachten; in dem thüringischen Erbfolgekrieg griff Markgraf
Heinrich die Stadt wiederholt an und schädigte ihren Handel.
Dann aber kam die Zeit des Zwischenreiches, in der Erfurt,
wie so manche andere deutsche Bürgergemeinde, auf eigenen
Füßen stehen lernte.

Jene Ereignisse von 1234 und 1242 waren nur äußer=
liche Zeichen eines mit großer Beharrlichkeit begonnenen und
fortgeführten Kampfes der wohlhabenden Bürger mit den
mainzischen Beamten und ihrem Herrn um Teilnahme an
dem Stadtregimente. Bürger oder cives waren alle Bewohner
der Stadt, die Handwerker, die Beamten, vor allen aber die
Inhaber der Freigüter, deren reichste und angesehenste auch
burgenses genannt wurden. Aus diesen gingen die Geschlechter
der Stadt hervor oder die Gefrunden, d. h. die Befreundeten;
häufig werden sie auch die Reichen genannt. Diese waren es,

welche den Kampf um das Stadtregiment begannen und bis zu einem bestimmten Grade siegreich durchführten. Ihrem unaufhörlichen Drängen mußte Erzbischof Sifrid nachgeben, indem er zuließ, daß ein Beirat von 24 Bürgern aus denen, die das höchste Geschoß bezahlten, den Beamten zur Seite treten sollte. Dieser Ausschuß, der 1212 zum ersten Male erwähnt wird, wurde vom Vitztum berufen, der noch den Vorsitz in der Stadtverwaltung führte. Nach diesem Erfolge suchten die Geschlechter die mainzischen Beamten ganz von der Verwaltung der Stadt auszuschließen. Im Jahre 1250 war das Ziel erreicht. In dem aus 22 Bürgern der Geschlechterfamilien bestehenden Rat finden sich keine Beamten mehr, und der Vitztum hat auch das Stadtsiegel einem Mitgliede des jetzt ganz aus Bürgern bestehenden Rates überlassen müssen. Vier Jahre später machte dieser Rat ein Statut, daß fortan jährlich nur 14 Personen, nämlich 2 magistri consulum und 12 consules, die laufenden Geschäfte führen sollten. Nach Ablauf ihres Amtsjahres wählten diese 14 andere aus ihren Standesgenossen, wobei, wie das gebräuchlich war, auf die Verwandten die größte Rücksicht genommen wurde. Bei wichtigen Angelegenheiten berief der sitzende Rat auch die Gesamtheit der ratsfähigen Bürger, worunter in dieser Zeit nur die Geschlechter zu verstehen sind.

Die Erzbischöfe haben die vollständige Überlassung der Stadtverwaltung an die Geschlechter anerkannt und sich in die Neuerung geschickt, welche sie eines Teiles ihrer Stadtherrlichkeit beraubte. Sie sollen dieselbe sogar, wie behauptet wird, selbst veranlaßt haben. So ganz friedlich hat sich diese Änderung schwerlich vollzogen, aber die Erzbischöfe sahen ein, daß sie die alte Verfassung nicht mehr aufrecht erhalten konnten und fügten sich den Umständen, wahrscheinlich aber nicht ohne

dafür eine Entschädigung in klingender Münze zu erhalten.
Mit der Selbständigkeit des Rates hört die Abhängigkeit der
Stadt von dem Erzbischof keineswegs auf. Dieser bleibt nach
wie vor der Stadtherr; er läßt die Münzen prägen, erhebt
den Marktzoll und die Freizinsen und ernennt die richterlichen
Beamten, die in seinem Namen Recht sprechen. Dagegen war
die Erhebung der Steuern, die Verwaltung der Stadtkasse,
die Sorge für die öffentliche Ordnung, der Mauerbau und
die Verteidigung der Stadt auf den Rat übergegangen; die
Ämter des Kämmerers und des Marschalles wurden bedeutungs=
los und gingen allmählich ein, die polizeilichen Befugnisse des
Marktmeisters wurden auf die Aufsicht über den Markt be=
schränkt. Der Vorteil der Veränderung bestand hauptsächlich
darin, daß die Ausnutzung der Bürger lediglich für mainzische
Zwecke ein Ende hatte. Das Regiment der im Rate sitzenden
Geschlechter lastete oft nicht weniger drückend auf den übrigen
Stadtbewohnern als das mainzische, aber nach außen hin nahm
jetzt die Stadt eine ganz andere Stellung ein. Sie wird der
Mittelpunkt des ganzen thüringischen Landes, tritt ebenbürtig
Fürsten und Herren an die Seite, schließt mit ihnen Verträge
und Bündnisse, die oft genug gegen den eigenen Herren ge=
richtet waren, und entfaltet eine Macht und politische Thätig=
keit, wie sie sich sonst nur bei unabhängigen Reichsstädten
findet.

Erfurt war vor allen Dingen eine Handelsstadt und der
Handel die Quelle des Wohlstandes sowohl des einzelnen
Bürgers, wie der Gesamtheit. Durch den Handel wurden die
großen Geldsummen gewonnen, mit denen man sich Freunde
gewann, Gegner beschwichtigte oder Rechte erwarb, welche die
Selbständigkeit und Macht erhöhten. Die Sicherung des Handels
und der Handelsstraßen war daher die erste Aufgabe aller

städtischen Politik, von der nur dann abgewichen werden durfte,
wenn noch höhere Interessen es erheischten. In zweiter Linie
wurde die Politik Erfurts bestimmt durch das Verhältnis zu
den Landgrafen, deren Gebiet ringsum die Stadt umfaßte.
Sie waren im Besitz fast sämtlicher nach der Stadt führenden
Straßen und hatten auf denselben das Geleitsrecht. Deshalb
mußte der Rat sich mit ihnen auf guten Fuß zu stellen suchen,
und nur die Besorgnis vor einem Angriff auf die erworbene
Macht und die Freiheiten hat ihn veranlaßt, den mächtigsten
thüringischen Landesherren feindlich entgegenzutreten. Die ge=
ringste Rücksicht wurde auf den Stadtherrn, den Erzbischof
von Mainz, genommen. Von diesem war wenig zu befürchten,
umsomehr zu erlangen. Für die Hebung oder Schädigung des
Handels hatte er keine Bedeutung, aber er konnte den Versuch
machen, die verlorenen Rechte wieder zu gewinnen. Diese zu
schützen, sie womöglich zu erweitern, war daher die dritte
politische Aufgabe des Rates; er hat dieselbe gelöst, soweit es
in seinen Kräften stand. Das letzte Ziel, die Unabhängigkeit,
zu erreichen, war ihm nicht vergönnt. Die Zeitumstände waren
ihm zuletzt nicht günstig, die Erzbischöfe blieben Sieger in dem
durch Jahrhunderte fortgeführten Kampf und erlangten alle
die Rechte wieder, die sie ehemals in Erfurt gehabt hatten.
Gegen das Ende des 13. Jahrhunderts war freilich dazu nur
eine geringe Aussicht. Sie hatten für den Handel zuletzt nur
wenig gethan und es den Bürgern überlassen, wie sie die
Mittel für ihre unaufhörlichen Geldforderungen aufbrachten.
Daher war ihre Entfernung aus dem Stadtregiment eine Not=
wendigkeit, eine Lebensfrage für den Bestand der bürgerlichen
Gemeinde. Die zur Herrschaft gelangten Geschlechter machten
es anders. Sie waren Kaufleute geworden und wußten den
Wert des Handels wohl zu schätzen. Daher suchten sie die

Freundschaft des Landgrafen Albrecht zu gewinnen, was um so leichter war, als er, stets geldbedürftig, gern von den reichen Geldmitteln der Stadt Gebrauch machte. Kaum hatte der junge Fürst von seinem Vater Thüringen erhalten, als wir in ihm einen guten Freund der Stadt erblicken, welcher ihr die größten Vorteile gewährt, die alle darauf berechnet waren, den Landfrieden zu sichern und die Straßen von allen Hindernissen zu befreien. In einer Anzahl von Urkunden verspricht er der Stadt seinen Schutz und sicheres Geleit; er läßt den Erfurtern seine Burgen öffnen, damit ihre Reiter von da aus die Wege bewachen konnten, und gestattet ihnen, die in sein Gebiet flüchtenden Räuber zu verfolgen und zur Haft zu bringen. Wiederholt schließt er mit dem Rate Bündnisse gegen gemeinsame Feinde, und im Bunde mit ihm sehen wir Erfurt, zu dem sich noch Nordhausen und Mühlhausen gesellen, die Burgen der schlimmsten Störenfriede erobern und brechen. Aber noch mehr. Er erlaubte den Bürgern, welche 1268 die Burg Stotternheim zerstört hatten, das dazu gehörige Dorf und dessen Flur zu behalten, wodurch der Grund zu dem großen Gebiete gelegt wurde, über welches der Rat später verfügte. Gleich darauf versetzte er diesem auch die sogenannte mindere Grafschaft an der schmalen Gera mit den Dörfern Mittelhausen und Rietnordhausen, und mehreren Bürgern verkaufte er Gerichte und Äcker in seinen Dörfern, womit jene anfingen, auch große Grundbesitzer zu werden. Die Stadt Erfurt hatte guten Grund, sich die Freundschaft dieses Landgrafen zu erhalten, und das Geld, welches er erhielt, hat durch dieselbe reiche Zinsen getragen. Daher war es eine Handlung der Dankbarkeit, daß der Rat den von allen Mitteln entblößten einstigen Beherrscher Thüringens 1307 in die Stadt aufnahm und ihm bis zu seinem Tode ein Gnadengeld gewährte.

Die selbständigere Stellung der Stadt erforderte auch eine Vermehrung ihrer Streitkräfte und bessere militärische Schulung der Bürger, die zunächst zur Verteidigung der Mauern berufen waren, oft aber auch unter ihren Hauptleuten ins Feld rückten, namentlich wenn es galt, feindliche Burgen zu brechen. Solche Bürgerabteilungen waren es, die 1268 Stotternheim, 1287 Vargula und Neumarkt, 1289 endlich unter den Augen Rudolfs von Habsburg Ilmenau eroberten und niederlegten. Eine der hervorragendsten Waffenthaten in dieser Zeit ist die Eroberung der festen Schlösser Kirchberg, Windberg und Greifberg bei Jena im Jahre 1304, die der Burggraf von Kirchberg vergebens gegen die vereinten Erfurter, Mühlhäuser und Nordhäuser zu halten suchte. Selbst der zum Ersatz herbeieilende Markgraf Dieterich konnte den Fall der Burgen nicht hindern. Für Streifereien und entferntere Züge waren 300 berittene Söldner geworben worden, die unaufhörlich zu thun hatten, da kein Tag ohne einen Überfall auf Reisende, oder Arbeiter im Felde und in den Weinbergen verging. Der kleine Krieg war an der Tagesordnung, und die Landbevölkerung litt furchtbar unter dieser Plage. Daher flüchteten die Bauern scharenweise in die Stadt, wo der Rat ihnen Schutz und Bürgerrecht gewährte. Doch die Herren der entlaufenen Bauern verlangten deren Auslieferung, und als diese verweigert wurde, verbanden sie sich gegen den Rat und die Gemeinde. So geschah es, daß 1275 die Grafen von Stolberg, Beichlingen, Orlamünde, Gleichen und andere der Stadt aus dem genannten Grunde die Fehde ansagten, die erst durch Vermittelung des Erzbischofes Werner beigelegt wurde.

Die Grafen von Gleichen scheinen damals in großer Geldverlegenheit gewesen zu sein, denn sie unterhandelten seit 1283 mit dem Rate wegen Verkaufes der Stadtvogtei für eine

namhafte Summe und versetzten 1296 demselben die Grafschaft
Vieselbach mit 18 Dörfern, die 1343 durch Kaufvertrag in den
Besitz der Stadt übergingen, deren Gebiet dadurch eine be=
deutende Erweiterung erfuhr.

Unterdessen hatte auch der Krieg zwischen Landgraf Albrecht
und seinen Söhnen begonnen, in dem Erfurt die Partei des
Vaters ergriff. Es ist bekannt, wie durch Erzbischof Heinrich
und dann durch den König Rudolf Versöhnungsversuche statt=
fanden, die aber erfolglos blieben. Nach Rudolfs Tod verkaufte
Albrecht sein Land an Adolf von Nassau, als dessen Rechts=
nachfolger auch die Könige Albrecht und Heinrich VII. auftraten.
Der Krieg wurde mit besonderer Grausamkeit geführt und
das Land schonungslos verwüstet. Trotzdem Albrechts Sache
recht schwankend wurde, hielt Erfurt doch an seiner Seite aus
und blieb eine Hauptgegnerin des Landgrafen Friedrich, der
eigentlich ihr Bundesgenosse hätte sein müssen. Hier aber lag
die Möglichkeit vor, daß Thüringen Reichsland wurde, und daran
knüpfte der Rat die kühnsten Erwartungen. Als Landgraf
Albrecht 1307 in Erfurt ein Asyl gefunden und seinem Sohne
das Feld geräumt hatte, verschärfte sich das feindliche Ver=
hältnis zwischen Friedrich und der Stadt noch dadurch, daß
jener die Herausgabe der von seinem Vater an einige Bürger ver=
kauften Gerichte verlangte. Als der Rat diese Forderung ablehnte,
nahm Friedrich 1309 die beanspruchten Besitzungen mit Gewalt
weg, was die Geschlechter in der Stadt mit Plünderung des
gegnerischen Gebietes erwiderten. Im weiteren Verlauf dieses
Krieges geriet die Stadt in große Bedrängnis; nicht nur die
Hilfe blieb aus, welche König Heinrich ihr zugesagt hatte, zu
dem äußeren Feinde gesellte sich auch der innere: Die Gemeinde
hatte sich erhoben, um die Alleinherrschaft der Gefrunden=
familien zu brechen. Die Darstellung dieser wichtigen Begeben=

heit erfordert einen Rückblick auf die innere Geschichte der Stadt seit Entstehung des selbständigen Ratskollegiums.

Der glückliche Erfolg, den die Gefrunden durch Verdrängung der mainzischen Beamten aus dem Stadtregimente errungen hatten, reizte zu weiteren Versuchen, die Rechte des Stadtherrn zu beschränken. Erzbischof Werner, der längere Zeit in Erfurt weilte, hatte einen schweren Stand gegenüber den Eingriffen des Rates in die Gerichtsbarkeit, die Zoll- und Zinserhebung. Als sogar die Bezahlung der Freizinsen verweigert wurde, da verhängte er 1279 das Interdikt über die Stadt, von welchem dieselbe erst 1282 durch einen Vertrag befreit wurde, worin der Rat versprach, die Rechte des Mainzer Stiftes nicht mehr anzutasten. Die darauf folgende Sedisvakanz, die bis 1286 dauerte, benutzte der Rat zu erneuten Übergriffen, bis endlich nach einem vorläufigen Übereinkommen mit Erzbischof Heinrich im Jahre 1287 eine Kommission eingesetzt wurde, welche die Gerechtsame der Erzbischöfe und des Rates feststellen sollte. Nach längeren Verhandlungen kamen endlich 1289 die concordata Gerhardi zu stande, die zwar dem Erzbischof nur einen kleinen Teil seiner ehemaligen unumschränkten Herrschaft sicherten, trotzdem aber einen Damm schufen, den ganz zu durchbrechen den herrschenden Familien nicht mehr gelungen ist. Die Alleinherrschaft der Geschlechter hatte unterdessen einen Abbruch dadurch erfahren, daß sie sich 1283 infolge eines Aufstandes der Gemeinde gezwungen sahen, den Handwerkern Teilnahme an der Stadtverwaltung zu gewähren. Als sie aber fortfuhren, ihre Mitbürger in der willkürlichsten Weise zu behandeln, an einigen die rohesten Mißhandlungen übten und zuletzt auch, nachdem ihnen 1294 auf 11 Jahre die mainzischen Beamten- und Richterstellen verpachtet worden waren, anfingen, richterliche Entscheidungen nur nach vorheriger Bezahlung einer Geldsumme zu geben, da begann in der Gemeinde eine gefährliche Gärung, die noch durch ein abermaliges Interdikt verschärft wurde, welches Erzbischof Gerhard von 1294 bis 1299 über die Stadt verhängte; dabei machte wieder, wie früher, ein Teil der Geistlichkeit mit dem Rate gemeinschaftliche Sache und hielt trotz des Verbotes den Gottesdienst weiter. Nicht ohne geheime Aufreizungen seitens der Mainzer Beamten wurde die Stimmung der Bürger eine immer drohendere, und als 1309 der Krieg mit dem Markgrafen zum Ausbruch kam, der den Handel lahm legte und die Lebensmittel bedeutend verteuerte, da rückte die Gemeinde im Januar oder Februar 1310 bewaffnet vor das Rathaus und verlangte Abstellung der in einem Schriftstücke verzeichneten Beschwerden und Zulassung von 4 aus ihrer Mitte gewählten Vertretern, welche vor der Ratsstube sitzen, die Klagen der Bürger anhören und dieselben vor den Rat bringen sollten, der sich verpflichten mußte, dieselben sofort zu erledigen. Die Vierherren, wie diese Gemeindevertreter genannt wurden, hatten also zunächst die Aufgabe, gegen Willkür zu schützen und die Verschleppung von Entscheidungen zu verhindern. Der Rat gab angesichts des äußeren Feindes den Forderungen nach, deren eine Herstellung des Friedens mit dem Markgrafen verlangte. Dieser hatte durch Briefe an die Handwerker und andere Bürger auch seinerseits die Erbitterung gegen den Rat gesteigert, indem er zu beweisen suchte, daß der Krieg nur der reichen Familien wegen geführt werde, die sich des Stadtvermögens und der Bürger für ihre Privatzwecke bedienten. Er rückte dicht vor die Stadt, lagerte sich bei der Cyriaxburg und verbrannte die Brühler Vorstadt, dabei die Umgegend nach Sitte der Zeit schonungslos verheerend. Gedrängt von der Gemeinde suchte der Rat noch

1310 den Frieden mit dem feindlichen Fürsten zu schließen; allein nach kurzer Waffenruhe begannen die Feindseligkeiten von neuem, die erst 1315 durch einen für die Stadt nicht ungünstigen Vertrag beigelegt wurden.

Die Einsetzung der Vierherren hatte eine dauernde Änderung im Rate zur Folge, indem fortan das Kollegium aus 20 Räten und 4 Ratsmeistern bestand, die nach 5 Jahren wieder die Geschäfte übernahmen, Abgänge aber aus den übrigen ratsfähigen Familien ergänzten. Im Jahre 1316 wurde durchgesetzt, daß die Vierherren in der Ratsstube sitzen durften, und 1322 wurden sie ganz in den Rat aufgenommen und ihnen Teilnahme an der Ratswahl gewährt. Die Geschlechter waren damit nicht zufrieden, sie suchten 1324 eine Parteiung in der Gemeinde zu machen; aber diese blieb fest und einig, und der Erzbischof Peter, dessen Hilfe die Gefrunden für sich in Anspruch nahmen, entschied sich gegen sie und bestätigte die neue Einrichtung. Seitdem haben die Geschlechterfamilien ihren Einfluß verloren, sie mußten es sich sogar gefallen lassen, daß ihr Anteil am sitzenden Rate auf vier Stellen beschränkt wurde. Dieser ergänzte sich von da an aus den reichen Kaufleuten, neben denen auch die Handwerker ihre Sitze behaupteten. Die Verfassungskämpfe hören damit auf, bis 1510 eine abermalige Umwälzung eintritt. Die Gemeinde legte in der nächsten Zeit wenig Wert mehr auf die Wahl ihrer Vertreter, der Vierherren. Diese wurden bald nur vom Rat aus ratsfähigen Familien gewählt, und nur noch der Form wegen holte man die Zustimmung der Gemeinde ein. Sie verloren mit dieser ganz den Zusammenhang, betrachteten sich aber als die eigentlichen Stadtregenten und übertrafen an Hochmut noch die alten Geschlechter.

Nach Beendigung der inneren Parteikämpfe tritt die Stadt

in eine Periode ihrer Geschichte ein, die man das Heldenzeitalter derselben nennen könnte. Fortwährend von Fürsten und Adel angefeindet, geht sie doch siegreich aus den Kämpfen hervor, zugleich unablässig bemüht, durch Bündnisse und Verträge den Handel und die Straßen zu sichern. Hierbei hat sie dasselbe Interesse wie die Städte Mühlhausen und Nordhausen, mit denen sie fast zweihundert Jahre lang in einem starken Bunde geeint blieb, der für Thüringen und den Harz dieselbe Bedeutung hatte, wie der süddeutsche Städtebund für Schwaben und Baiern. Die fast zur Gewohnheit gewordenen zwiespältigen Mainzer Bischofswahlen begünstigten die Machterweiterung des Rates auf Kosten seines Erbherrn, dessen Rechte in Erfurt dem Auswärtigen und mit den Verhältnissen Unbekannten kaum noch erkennbar waren. Nicht wie ein Unterthan, sondern wie eine gleichberechtigte Macht steht der Rat den Erzbischöfen gegenüber, die sich durch ihre andauernde Geldverlegenheit veranlaßt sahen, der Stadt und vieler Bürger Schuldner zu werden, wofür sie ihnen Burgen und Gefälle versetzten, mit deren Wiedereinlösung sie sich nur wenig beeilten. Sogar die Einnahmen von der Münze wurden an den Rat verpfändet, woraus dieser später das Recht ableitete, selbst prägen zu dürfen. Die Ausübung desselben hat am meisten dazu beigetragen, die Abhängigkeit Erfurts von Mainz zu verschleiern und ihm die Stellung einer freien Reichsstadt beizulegen, die es in Wirklichkeit niemals eingenommen hat. Erst gegen das Ende des 15. Jahrhunderts beginnen die Erzbischöfe wieder, sich ihrer Stadtherrlichkeit zu entsinnen, und sie gehen von da ab mit einer großen Beharrlichkeit zur Wiedergewinnung der alten Rechte vor. Dabei kam es viel auf die mainzischen Beamten in Erfurt an, von deren Tüchtigkeit und Geschäftsgewandtheit die Erfolge auf diesem Wege abhingen. Zur rechten Zeit

fanden sich da auch die rechten Leute. Einer der tüchtigsten
Beamten freilich, die Mainz je in Erfurt gehabt, lebte daselbst
im Anfange des 14. Jahrhunderts, zu der Zeit, als die inneren
Streitigkeiten ein Ende hatten. Es war Hermann von Bibra,
seit 1329 Dekan des Marienstiftes und Provisor im Mainzer
Hofe. Er war ein rücksichtsloser, gewaltthätiger Mann, der
sogar dem Papste trotzte. Seine ganze Thätigkeit war darauf
gerichtet, die alte Machtfülle der Erzbischöfe über Erfurt wieder-
herzustellen. Daher sammelte er aus alten Registern und
Büchern die ehemals bestehenden und die noch geltenden Rechte
und vereinigte dieselben in einem Buche, das nach ihm das
Bibrabuch genannt worden ist. Er suchte darauf, begünstigt
von den politischen Umständen, alle diese Rechte wieder zur
Geltung zu bringen, wobei er sich die härtesten Maßregeln
selbst gegen die Bürger erlaubte. Das dauerte aber nur kurze
Zeit, er wurde bald ein Opfer seines übertriebenen Amts-
eifers. Die vom Rat selbst aufgereizte Menge stürmte den
Mainzer Hof und holte den Provisor aus dem Petersklofter,
wohin er sich geflüchtet hatte. In einem dunklen Gefängnisse
unter dem Rathausturme hat er einige Tage zubringen müssen,
bis er gegen Bürgschaft seiner Brüder aus der Haft entlassen
wurde. Dieser Angriff auf seinen Provisor erregte den höchsten
Zorn des Erzbischofs Balduin von Trier, der damals als
Administrator das Mainzer Stift gegen Heinrich von Virneburg
behauptete. Während er bisher der Freund der Stadt gewesen war, die sich ihm angeschlossen hatte, und während er
die Folgen des wegen Nichtanerkennung Heinrichs über die
Stadt ausgesprochenen päpstlichen Bannes dadurch aufhob,
daß er durch den ihm ergebenen Provisor und Dekan den
Gottesdienst ruhig weiter halten ließ, verhängte er jetzt selbst
das Interdikt über die Stadt, die auch seitens des Papstes

wegen des Angriffes auf einen Geistlichen abermals gebannt
wurde. Im Bunde mit dem Landgrafen Friedrich, den er
soeben noch im offenen Felde bekämpft hatte, rückte Balduin
1336 vor Erfurt, das von derselben Stelle aus, wo einst
Friedrichs Vater gelagert hatte, abermals sehr bedrängt wurde.
Das Brühl ging in Flammen auf, die Weinstöcke wurden aus=
gerissen und man machte sich schon daran, der Stadt das Wasser
abzuschneiden. Bei einem Ausfalle fielen mehrere reiche Bürger
in die Hand der Feinde, welche durch tägliche Angriffe die
Stadtbewohner ermüdeten. Schon dachten diese an Übergabe,
als ganz unerwartet durch Vermittelung der alten Landgräfin
ein Friede zustande kam, in dem die Stadt an den Erzbischof
5000 Mark zu bezahlen versprach, wofür dieser den Bann
aufhob. Der Landgraf ließ sich auf gleiche Weise zur Ver=
söhnung bereit finden, wie er denn vorher mit dem Rat schon
in geheimen Verhandlungen gestanden hatte.

Der junge Fürst war gleich, nachdem er die Regierung über=
nommen, in seinen ererbten Ländern auf heftigen Widerstand der
Grafen und Herren sowohl, wie der Städte gestoßen. Man fürchtete
von ihm, daß er die landgräfliche Gewalt, wie sie vor Albrecht
bestanden hatte, wiederherstellen wolle, und deshalb schlossen
die Herren des Osterlandes, die thüringischen Grafen und die
drei verbündeten Städte Erfurt, Mühlhausen und Nordhausen
einen großen Bund zum Schutz ihrer Rechte. Die Seele des=
selben war Erfurt, das mit seinen Geldmitteln die Bundes=
genossen an sich fesselte. Der Ausbruch der Feindseligkeiten
wurde lange durch Vermittelung Kaiser Ludwigs verhindert;
als aber einige Anhänger Erzbischof Heinrichs, die zugleich
Bundesgenossen Friedrichs waren, die Stadt und die Bürger
schädigten und Erzbischof Balduin diesen zu Hilfe kam, da
brach der Kampf in ganz Thüringen aus, dem erst durch die

oben erzählte Gewaltthat gegen Hermann von Bibra und den
Anschluß Balduins an Friedrich eine andere Wendung gegeben
wurde. Das große Bündnis löste sich auf, sodaß die Stadt
während der Belagerung fast ohne Hilfe war und daher gern
den erwähnten Vergleich annahm. Seitdem blieb der Rat
aufs engste mit dem Landgrafen verbunden, der ihr auch
gegen den Erzbischof Heinrich Beistand leistete, als dieser sich
weigerte, der Stadt Rechte zu bestätigen. Dafür unterstützte
diese den Landgrafen in dem Grafenkriege, in dessen Verlauf
die Erfurter wiederholt Gelegenheit hatten, sich durch tapfere
Thaten auszuzeichnen. In dem Gefechte bei Arnstadt 1342
bewahrten sie den Landgrafen vor der Gefangenschaft und
einer Niederlage. Friedrich erkannte die Leistungen der Bürger
auch an und gewährte ihnen nach dem glücklichen Ausgang
der Fehde mit den Grafen von Orlamünde 1345 das Dorf
Zimmern, dessen Besitz diese ihnen 1348 bestätigen mußten. Bis
zum Jahre 1370 blieb das gute Einvernehmen mit dem Mark=
grafen und auch dessen Söhnen im allgemeinen ungestört; wir
sehen in dieser Zeit wieder die Bürger von Erfurt, Mühlhausen
und Nordhausen vereint mit landgräflichen Mannschaften be=
schäftigt, Friedensstörer zu verfolgen und ihre Burgen zu
brechen; bis auf den Harz, das Eichsfeld, ja bis vor Einbeck
werden die Züge ausgedehnt, um die Ordnung, soweit es
möglich war, aufrecht zu erhalten.

Als 1346 abermals zwei Erzbischöfe sich um den Mainzer
Stuhl stritten, ergriff der Rat die Partei Gerlachs von Nassau,
der zum Danke dafür am 11. Juli 1349 der Stadt alle Rechte
bestätigte, was sein Gegner Heinrich zu thun sich geweigert
hatte. Mit wenigen Erzbischöfen hat der Rat sich so gut ge=
standen, wie mit diesem Gerlach, der ihm auch die Gefälle von
der Münze verpfändete und Verzeihung wegen des Juden=

mordes von 1348 angedeihen ließ, unter der Bedingung jedoch,
daß die Stadt fortan die Judengelder bezahle, welche bisher
die jüdische Gemeinde an die erzbischöfliche Kasse entrichtet hatte.
In dieser Zeit erweiterte sich das Stadtgebiet um das 1348
gekaufte Schloß Kapellendorf, ein Reichslehen, und mehrere
dazu gehörige Dörfer; ferner übernahm der Rat vom Mainzer
Stift wiederkäuflich die Schlösser Tonndorf und Mühlberg mit
vielen Dörfern, sodaß der Umfang des Erfurter Gebietes schon
damals dem eines kleinen Fürstentumes fast gleichkam. Bis zu
dem am 12. Februar 1371 erfolgten Tode Gerlachs währte das
gute Verhältnis zu Mainz und zu den Landgrafen. Dann brechen
abermals schwere Zeiten herein, welche die Leistungsfähigkeit
der Stadt und ihrer Bürger auf eine harte Probe stellten. Im
Jahre 1373 kam es wiederum zu einer zwiespältigen Wahl; das
Domkapitel erkor Adolf von Nassau zum Erzbischof, der Papst
aber entschied sich für Ludwig, den Bruder der Landgrafen
Balthasar und Wilhelm. Erfurt stand vor einer schweren Entscheidung. Es wollte mit den Landgrafen nicht brechen, und
doch war zu fürchten, daß Ludwig zu Gunsten seiner Brüder
sich der mainzischen Rechte an Erfurt begeben möchte. Die
Gefahr drohte, daß Erfurt aus einer mainzischen eine landgräfliche Stadt wurde, ein Tausch, der die bisher errungene
und behauptete Selbständigkeit sehr in Frage stellte. Daher
erklärte sich der Rat für Adolf. Vergebens mahnte Kaiser
Karl IV., der Ludwig unterstützte, sich diesem zu unterwerfen;
der Rat blieb bei der getroffenen Entscheidung, von der ihn weder
die kaiserliche Acht, noch der Bann Ludwigs abbringen konnten.
Er stand auch nicht allein in dem voraussichtlichen Kampfe.
Die thüringischen Grafen fürchteten für ihre Mainzer Lehen
dasselbe, was der Rat fürchtete. Daher schlossen sie sich der
Stadt an, die wieder, wie im Anfang des Jahrhunderts, als

das Haupt eines großen gegen die Landgrafen gerichteten Bundes dasteht. Im Verlauf des nun ausbrechenden Krieges, an dem auch Adolf persönlich teilnahm, nachdem er ein ganzes Füllhorn von Gnaden über die Stadt ausgeschüttet, wurde diese 1375 zum drittenmale in dem Jahrhundert von den Landgrafen belagert, zu denen Karl IV. sich mit seinen Mannschaften gesellt hatte. Aber dieser, der den Krieg nicht liebte, gewährte schon am 6. September einen einjährigen Waffenstillstand in der Hoffnung, daß während der Zeit der Bischofsstreit ein Ende gefunden hätte. Allein das Jahr verging, ohne daß die Hoffnung sich erfüllte. Der Rat verweigerte nach wie vor Ludwigs Anerkennung, und die Acht wurde erneuert. Den schlimmen Folgen derselben entging die Stadt dadurch, daß sie sich 1377 nach vorausgegangener Appellation an den Papst bestimmen ließ, so lange gegenüber dessen Schutz und Verwaltung zu treten, bis einer der beiden Gegenbischöfe in Besitz des Erzstiftes gelangt sei. Papst Urban VI. erließ darauf ein Verbot, die Erfurter wegen der Acht und Aberacht, die Wenzel unterdessen verhängt hatte, zu schädigen. Bis 1381 dauerte dieses päpstliche Vikariat in Erfurt, wo endlich Adolf als Erzbischof von Mainz bestätigt, Ludwig zum Erzbischof von Magdeburg erhoben wurde. In demselben Jahre wurde auch das Interdikt aufgehoben, mit welchem die Stadt wegen Angriffes der Bürger auf das Eigentum der, dem Erzbischof Ludwig anhängenden Geistlichen belegt worden war; zur Aufhebung der Acht aber ließ sich Wenzel erst 1382 bewegen. Die Landgrafen hatten schon 1377 die Sache ihres Bruders aufgegeben, und Balthasar namentlich machte gleich darauf seinen Frieden mit dem Rate durch Erneuerung des früheren Bündnisses.

Es ist ein Beweis für den großen Wohlstand der Erfurter

Bürger, daß trotz der schweren Kämpfe und der herrschenden Unsicherheit auf allen Straßen 1385 doch noch die Mittel vorhanden waren, die festen Schlösser Vippach und Vargula zu erwerben. In dieser Zeit beginnen auch die Unterhandlungen mit dem päpstlichen Stuhle wegen Errichtung einer Universität, die 1392 als die erste von einer Stadt gegründete Hochschule ins Leben trat. Sie gelangte bald zu hoher Blüte und wurde von Studenten aus allen Teilen Deutschlands eifrig besucht. Erst im ersten Viertel des 16. Jahrhunderts, als die in Wittenberg lehrenden Reformatoren die Studenten massenhaft anlockten, verlor die Universität ihre Anziehungskraft, und sie fristete seitdem bis zu ihrer Auflösung im Jahre 1816 nur noch ein kümmerliches Dasein.

Friedlichere Zeiten schienen zu kommen, als es dem Rate durch Vermittelung des Landgrafen Balthasar gelang, Aufnahme in den westfälischen Landfrieden zu finden, dem sich auch Mühlhausen und Nordhausen, sowie die meisten thüringischen Grafen und Herren anschlossen. Allein es ging mit diesem Landfrieden wie mit dem, den 1372 Karl IV. zu Prag mit dem Erzbischof von Mainz, den Landgrafen, Erfurt und seinen Bundesgenossen geschlossen hatte. Er wurde vom Kaiser selbst wieder aufgehoben, und die Mitglieder mußten zusehen, wie sie durch Erneuerung der engeren Bündnisse der Unordnung steuerten. Hierbei zeigte sich Landgraf Balthasar als treuer und zuverlässiger Freund der drei verbündeten thüringischen Städte, mit deren Hilfe er nach Kräften den Frieden in Thüringen schützte.

Ganz anders gesinnt war sein Bruder Wilhelm, Markgraf von Meißen. Dieser wollte in Thüringen dieselbe Rolle spielen, die Eberhard von Württemberg in Schwaben glücklich durchgeführt hatte. Ein abgesagter Feind der zunehmenden

Machtentfaltung Erfurts, suchte er Ansprüche auf einige der
in letzter Zeit erworbenen Dörfer hervor, um einen neuen
Krieg zu entzünden, der abermals ganz Thüringen in Mit=
leidenschaft zog. Die voreilige Hinrichtung eines seiner Lehens=
leute, Heinrichs von Lengenfeld, durch die erbitterten Bürger
veranlaßte ihn beim Hofgericht zu klagen, und es gelang ihm
die Acht über Erfurt auszubringen und zugleich ein kaiserliches
Patent zu erlangen, welches den Städten die Erwerbung von
Schlössern und Dörfern verbot. Bis 1398 dauerte der kleine
Krieg fort, und schon versammelte Wilhelm bei Delitzsch ein
Heer, zu dem die Abteilungen der mit ihm verbündeten Fürsten
an Saale und Elbe stießen, um Erfurt von neuem zu belagern,
als der gewandte Erzbischof Johann von Mainz einen Waffen=
stillstand vermittelte, der bald darauf in einen dauernden
Frieden verwandelt wurde. Wilhelm hatte so gut wie nichts
erreicht; die Stadt stellte ihm nur einmal 100 Reisige zu seiner
Reise auf den Reichstag nach Frankfurt, im übrigen blieb sie
so stark und mächtig wie vorher. Auch nicht ein einziges Dorf
vermochte ihr der fürstliche Gegner abzubringen. Dieser hatte
auch durch seinen Übertritt zur pfälzischen Partei die Gunst
König Wenzels verloren, der trotz aller seiner Bitten die über
Erfurt verhängte Acht nicht aufhob. Nach seiner Absetzung erst
wurde die Stadt durch König Ruprecht wieder in den Frieden
aufgenommen.

Wunderbar ist es, woher die Stadt die Mittel gewann,
um alle diese unaufhörlichen schweren Kriege und Kämpfe
ohne Schaden für ihre Macht und ihr Vermögen zu über=
winden. Seuchen aller Art rafften zuweilen die Hälfte der
Bevölkerung dahin, Feuersbrünste, die in den elend gebauten
Häusern reiche Nahrung fanden, legten oft ganze Stadtteile
samt Kirchen und Klöstern in Asche, das Landvolk blieb bei

den schweren Heimsuchungen durch feindliche Überfälle die
Zinsen an Getreide uud andern Abgaben schuldig, und dennoch
behauptete die Stadt ruhmvoll ihre Stellung unter den Macht=
habern Thüringens. Es kann nur der Handel gewesen sein,
der Erfurt in den Ruf brachte, eine der reichsten und größten
Städte des Reiches zu sein. In der That erwarben die großen
Erfurter Kaufleute durch den Handel mit Waid und flandrischem
Tuch ein bedeutendes Vermögen, aber auch die kleinen Leute,
die auf allen Märkten des nördlichen und westlichen Deutsch=
lands zu finden waren, verdienten genug, um die hohen
Steuern bezahlen zu können, die unbarmherzig vom Rate ein=
getrieben wurden. Die Märkte ferner, mit welchen die Stadt
von Kaisern und Königen begnadigt war, boten dem Hand=
werker Gelegenheit zum reichlichen Absatz seiner Waren, die
nicht nur in dem Landvolk, sondern auch in den Landgrafen
und dem Adel ihre Abnehmer fanden. Es gab in Mittel=
thüringen keinen anderen Platz, der so wie Erfurt alle Be=
dürfnisse zu befriedigen im stande war, so daß hier der Nach=
frage das Angebot stets genügte. Ein gewaltiger kauf=
männischer Unternehmungsgeist beherrschte die ganze Bevölke=
rung, der sie die Gefahren für Leib und Leben gering achten
ließ gegen den Vorteil, der aus dem Geschäfte erwuchs. Es
herrschte in der Stadt ein Wohlstand, den wir jetzt vergebens
suchen, und ein furchtbares Zetergeschrei würde heute entstehen,
wenn so hohe Abgaben bezahlt werden sollten, wie sie die
Erfurter des 15. Jahrhunderts willig zur Ehre der Stadt
entrichteten. Daher kam es, daß Kaiser und Päpste von
dieser eine so hohe Meinung hatten und sie als ein unab=
hängiges Gemeinwesen betrachteten, dem man Zumutungen wie
den Ständen des Reiches machen konnte; daß Erfurt eine den
Erzbischöfen von Mainz unterthänige Stadt sei, war den

deutschen Kaisern im 15. Jahrhundert kaum bewußt. Sie beriefen dieselbe wie die Reichsstädte zu den Reichstagen und legten ihr dieselben Abgaben auf wie diesen. Die erste Berufung dieser Art geschah durch Sigismund 1415 auf den Reichstag zu Konstanz. Der Rat schickte auch seine Gesandten dahin ab, aber an den Verhandlungen haben sie nicht teilgenommen, so wenig wie an denen der späteren Reichstage, auf welche sie durch die Kaiser beschieden wurden. Es wäre dem Rat damals leicht gewesen, die Reichsstandschaft zu erwerben, aber er scheute die damit verbundenen Kosten und die Lasten, welche die Reichsstädte zu tragen hatten. Er zog es vor, in solchen Fällen der Veranlagung zu den Reichssteuern den Erzbischof von Mainz seinen Erbherrn zu nennen und Erfurt als mainzische Stadt zu denselben veranschlagen zu lassen. Von Pflichten gegen das Reich war bisher noch gar nicht die Rede gewesen; diese wurden erst im 15. Jahrhundert laut. Sie waren neu, und der Rat erblickte darin eine Last, der ein entsprechender Vorteil nicht gegenüber stand. Den Erzbischöfen kam diese Haltung des Rates nur erwünscht; dieser bot dadurch selbst die Handhabe, das sehr lockere Abhängigkeitsverhältnis wieder fester zu knüpfen. Seit 1250 war das Ansinnen, Kriegshilfe zu leisten, von den Erzbischöfen an die Stadt nicht mehr gestellt worden; jetzt hören wir öfters von Aufforderungen, Mannschaften für des Erzstiftes Kriege auszurüsten und dieselben an den Rhein zu senden. Der Rat suchte sich so viel als möglich der Verpflichtung, die er durch sein Verhalten gegen das Reichsoberhaupt selbst anerkannt hatte, zu entziehen; meist gelingt es ihm durch eine geringe Geldzahlung den Erzbischof zu befriedigen, manchmal aber sendet er auch mit einem gewissen Stolze eine stattliche Abteilung, die jedoch den Befehl erhielt, so bald als möglich an den heimischen Herd zurückzukehren. Welche Folgen dieses verkehrte Verhalten hatte, ahnten diese Stadtregenten des beginnenden 15. Jahrhunderts noch nicht; erst ihre Nachfolger am Ende des Jahrhunderts sollten es merken, wie unklug ihre Vorfahren gehandelt hatten. Zunächst war von dem Erbherrn der Stadt nichts zu fürchten; man hatte in Mainz gar keine rechte Vorstellung mehr von dem ursprünglichen Verhältnis zu Erfurt, der Rat aber öffnete durch seine Unbesonnenheit den Erzbischöfen Schritt vor Schritt die Augen, er gab ihnen selbst die Waffen in die Hand, mit denen die Stadt zuletzt bezwungen wurde.

Als das 15. Jahrhundert begann, stand Erfurt noch so stark und mächtig da wie vorher. Der unzähligen kleinen Feinde erwehrte es sich mit gewaffneter Hand, immer im Bunde mit den alten Freunden Mühlhausen und Nordhausen. Eine große Gefahr drohte der Stadt durch die Hussitenkriege, da man keinen Augenblick vor einem Angriff der gefürchteten Böhmen sicher war. Daher wurden seit 1429 die Befestigungen erweitert und verstärkt; die Wälle, die bis zur Gegenwart bestanden, ließ der Rat mit großen Unkosten vollenden, auch die Brühlervorstadt, die so oft durch die Belagerung der Landgrafen gelitten, wurde jetzt in den Wallring aufgenommen. Viele Söldner wurden geworben und mehrere Wochen hindurch waren mainzische und hildesheimische Reisige einquartiert, die, von ihren Herren der Stadt zu Hilfe geschickt, auf deren Kosten verpflegt werden mußten. Gleichzeitig suchte der Rat zwischen den thüringischen Städten und den an Saale und Elbe gelegenen ein Bündnis zustande zu bringen, und mit Halle unterhandelte er wegen Anwerbung von Vitalienbrüdern, durch deren Wildheit die Ketzer bezwungen werden sollten. Die Gefahr ging glücklich vorüber, die Hussiten kamen nicht, aber die Böhmen sollte die Stadt etwas später doch kennen lernen. Es war nach Ausbruch des sächsischen Bruderkrieges, während dessen Erfurt auf der Seite des Kurfürsten Friedrich stand, daß 9000 von Apel Vitztum geworbene böhmische Söldner in dem Amte Tonndorf sich einnisteten und in ihrer Art wirtschafteten. Als sie bald darauf, aus den Diensten des Erzbischofs von Köln vor Soest heimkehrend, abermals das Erfurter Gebiet durchstreiften, bot der Rat alle seine Bundesgenossen auf, um einen Angriff dieser wilden Krieger auf die Stadt abzuwehren.

Viel schlimmer aber noch als diese fremden Gäste hausten die Söldner und Reiter des Herzogs Wilhelm und der mit ihm verbundenen Grafen von Gleichen in den Erfurter Dörfern, bis endlich Kurfürst Friedrich herbeieilte und in Verbindung mit den Bürgern die Besitzungen der Grafen in gleicher Weise behandelte. Auf den Verlauf des sächsischen Bruderkrieges kann hier nicht näher eingegangen werden; er gehört zu den schrecklichsten Ereignissen, die Thüringen je erlebt hat. Wie Pilze schoß auch das Raubgesindel aus der Erde, und unter allen möglichen Vorwänden wurden der Stadt Fehdebriefe zugesandt. Nach dem Frieden mit den Grafen von Gleichen unterstützte der Rat den Herzog Wilhelm aufs eifrigste gegen die Vitztume, deren feste Schlösser Kapellendorf, Dornburg, Koburg mit Hilfe der Erfurter Bürger genommen wurden, während die Einnahme der Wachsenburg den Erfurtern allein überlassen blieb. Nach einer Beschießung aus fünf Batterien fiel endlich die Burg, die gegen Kapellendorf, welches an die Vitztume verpfändet gewesen war, ausgetauscht wurde. Die Vitztume haben sich später für diese Feindschaft der Erfurter gerächt; der große Brand von 1472 wird auf ihre Anstiftung zurückgeführt.

Während der kriegerischen Ereignisse des Jahres 1451 war

Erfurt selbst der Schauplatz merkwürdiger Begebenheiten. Im Frühjahr erschien der Kardinal Nikolaus von Cusa und predigte unter gewaltigem Zulauf das Kreuz gegen die Türken. Mehr Aufsehen erregte noch der Barfüßer Johann von Capistrano, der durch seine begeisternden Reden Bürger und Bürgerinnen zum Verbrennen der Brettspiele und des Schmuckes veranlaßt haben soll. Schlimme Folgen hatte der Besuch dieser heiligen Männer für die Juden. Der Rat vertrieb sie für immer aus der Stadt, gedrängt, wie er sagte, von der öffentlichen Meinung. Mit diesem Schritt waren aber weder der Erzbischof, noch der Kaiser zufrieden, die nicht bereit waren, auf die Gefälle von den Juden zu verzichten. Nach langen Verhandlungen und Prozessen am Kammergericht, welche der Kaiser und seine Gläubiger, die an das Erfurter Judengeld gewiesen waren, anstrengten, mußte die Stadt ihren Geldbeutel weit aufthun und jene abfinden; dem Erzbischof wurde eine Schuld von 300 Mark nebst Zinsen erlassen; dazu empfing er 4000 fl., womit er auf alle weiteren Forderungen in dieser Sache Verzicht leistete.

Nach dem Tode des Erzbischofs Dieterich wählte das Domkapitel 1459 Diether von Isenburg, den der Rat anerkannte, obschon er nicht nach Erfurt gekommen war, um die Privilegien zu bestätigen. Der neue Erzbischof verfeindete sich gleich nach seiner Wahl mit dem Kaiser und dem Papst, welcher seine Absetzung aussprach und Adolf von Nassau, den bisherigen Provisor in Erfurt, ihm zum Nachfolger gab. Darauf kamen 1461 kaiserliche und päpstliche Briefe nach Erfurt, die zum Gehorsam wider Adolf aufforderten. Der Rat überlegte lange, was zu thun sei. Als aber Adolf an Herzog Wilhelm das Eichsfeld versetzte, da fürchtete man, er werde mit dem Mainzer Hofe im Brühle in gleicher Weise verfahren. Kurz entschlossen fand jetzt der Rat den Provisor Hermann von Allenblumen, dem Diether große Geldsummen auf den Mainzer Hof verschrieben hatte, ab, nahm diesen in Verwaltung und Verwahrung und verweigerte dessen Herausgabe und die Anerkennung Adolfs so lange, bis der Papst 1462 durch eine Urkunde erklärte, daß der Mainzer Hof niemals veräußert werden dürfe. Als Adolf das gleichfalls versprochen und 1463 die Freiheiten bestätigt hatte, huldigte ihm seine getreue Stadt Erfurt, während er den Bann aufhob. Zugleich erfolgte die Auslieferung des Mainzer Hofes, über dessen Verwaltung genau Buch geführt worden war.

In die Zeit der Regierung Adolfs fällt jener furchtbare Brand von 1472, der die halbe Stadt in Asche legte und das Vermögen sehr vieler Leute vernichtete. Es war ein Unglück, das in ganz Deutschland die größte Teilnahme erweckte; aus allen Teilen des Reiches gingen Beileidsschreiben ein, und überall fahndete man auf die Brandstifter, deren einer, ein aus dem Kloster Pforta entlaufener Mönch, endlich eingebracht wurde. Er starb ohne Reue den Flammentod auf dem Scheiterhaufen. Um der Stadt etwas aufzuhelfen, verlieh ihr der Kaiser einen neuen Jahrmarkt, den beiden Stiftskirchen Mariä und Severi aber gewährte der Papst einen Ablaß, damit die gänzlich zerstörten Gotteshäuser wieder aufgebaut werden konnten. Der Brand hatte besonders dadurch einen so großen Umfang angenommen, daß die meisten Häuser mit Stroh und Schindeln gedeckt waren, die durch das Flugfeuer schnell entzündet wurden. Daher forderte der Rat die Bürger auf, in Zukunft Ziegeldächer herzustellen, und lieferte allen, welche darum nachsuchten, unentgeltlich die Hälfte der Ziegeln aus der städtischen Ziegelhütte. Das Stadtvermögen hatte durch den Brand eine schwere Einbuße erlitten, viele sonst wohlhabende Bürger waren

verarmt und wanderten aus, um anderwärts ihre Nahrung
zu suchen. Die Steuerkraft der zurückgebliebenen nahm sicht-
lich ab, und gerade jetzt wurden Ansprüche an die Stadtkasse
gemacht, die ihre Leistungsfähigkeit weit überstiegen. Der
Erzbischof forderte 1474 Kriegshilfe zu dem Zuge gegen den
Herzog Karl von Burgund, welcher Neuß belagerte. Vielleicht hätte sich der Rat durch eine geringe Geldzahlung davon
befreien können, allein er zog es vor, 300 Mann abzuschicken,
die unterwegs 40 000 Gulden verbraucht haben sollen. Dann
folgte der so schicksalsschwere Streit mit Diether von Isenburg,
der nach dem Tode Adolfs 1475 abermals zum Erzbischof gewählt wurde. Der Papst bestätigte ihn, allein der Kaiser verweigerte beharrlich die Belehnung mit den Reichslehen. Diether
suchte darauf Anschluß an den Kurfürsten Ernst von Sachsen,
dem er Aussichten auf die Überlassung von Erfurt gemacht
haben mag. Er ernannte wenigstens dessen neunjährigen
Sohn Albrecht zum Provisor im Mainzer Hof, was eine vor-
mundschaftliche Verwaltung durch den Vater zur Folge haben
mußte. Dem Rat waren die Unterhandlungen zwischen Mainz
und Sachsen nicht verborgen geblieben. Darin den ersten
Versuch erblickend, die Mainzer Rechte in Erfurt an Sachsen
zu übertragen, strengte er, als sich auch noch das Gerücht
verbreitete, daß Diether die Ansprüche auf Tonndorf und
Mühlberg dem Kurfürsten Ernst abgetreten habe, alle Kräfte
an, um die Absichten des Erzbischofes zu vereiteln. Er verweigerte ihm die Huldigung, belegte den Mainzer Hof mit
Beschlag und verwehrte dem jungen Provisor den Einlaß in
die Stadt. Alsdann schickte er die kundigsten Rechtsgelehrten
an den Kaiser und den Papst, die es erreichten, daß der letztere
die Verfügung seines Vorgängers bestätigte, wodurch die Ver-
äußerung des Mainzer Hofes an Fremde untersagt worden

war. Der Kaiser aber ging noch weiter. Er verbot 1479 durch mehrere Erlasse, dem Erzbischofe irgend welche weltliche Befugnisse in Erfurt einzuräumen, und übertrug dem Rat bis auf weiteres die Ausübung derselben. Ein sehr lebhafter Briefwechsel, den der Rat mit dem Domkapitel unterhielt, damit es den Erzbischof zur Anerkennung der städtischen Privilegien vermöge, hatte keinen anderen Erfolg, als daß Diether immer gereizter wurde und die heftigsten Drohbriefe nach Erfurt richtete, besonders als ohne seine Erlaubnis, doch mit Genehmigung des Kaisers und des Papstes, die Nonnen aus dem Cyriaxkloster auf dem gleichnamigen Berge in die Stadt versetzt worden waren, und als damit begonnen wurde, an Stelle des abgerissenen Klosters eine Burg zu bauen. Der Rat fürchtete nämlich, daß, wenn der durch die Ausschließung seines Sohnes sehr beleidigte Kurfürst Ernst es auf einen Krieg ankommen lassen sollte, die Stadt von dem sie beherrschenden Berge aus durch die verbesserten Geschütze schwer geschädigt werden könnte. Im Jahre 1480 erreichte der Zwist seinen Höhepunkt. Diether ließ im ganzen Reiche gedruckte Anschläge veröffentlichen, worin er nachzuweisen suchte, daß Erfurt eine ihm unterthänige Stadt sei. Der Rat antwortete darauf in gleicher Weise durch Anschläge, die besonders an die Reichsstädte verschickt wurden; darin bemühte er sich zu beweisen, daß die Stadt dem Erzbischofe die Huldigung so lange verweigern könne, bis er die Privilegien bestätigt habe. Das Ende des Streites erlebte der Erzbischof nicht; er starb im Mai 1482. Sein Nachfolger wurde der noch minderjährige Albrecht von Sachsen, der aber nur den Titel Administrator führte. Die Verwaltung leitete in seinem Namen der Dekan des Domkapitels, Bertold von Henneberg, ein geschickter Diplomat, dessen Einfluß es endlich gelang, den Frieden wieder herzustellen,

3*

dessen die Stadt so dringend bedurfte. Denn der Kurfürst Ernst hatte den offenen Krieg begonnen, die Erfurter geächtet und verboten, ihnen Nahrung und Wohnung in seinen Landen zu gewähren. Der Stadt wurden alle Zufuhren abgeschnitten und die Bürger, die man fing, in schwerer Haft gehalten. Diesmal blieb alle Hilfe aus; die früher so bereitwilligen Bundesgenossen unter den thüringischen Grafen wagten es nicht mehr, Feinde des mächtigen Landesherrn zu werden, der nach dem Tode des Landgrafen Wilhelm auch einen großen Teil von Thüringen erbte; Mühlhausen und Nordhausen mochten um einer Sache willen, die sie nicht näher berührte, die ihnen auch nicht recht klar war, sich nicht in einen Krieg stürzen. Daher mußte der Rat endlich nachgeben und 1483 die für die Stadt so nachteiligen Verträge von Weimar und Amorbach eingehen, welche ihre bisher behauptete machtvolle Stellung in Thüringen für immer vernichteten. Der Kurfürst Ernst und sein Bruder bestanden auf der Herausgabe der einst von dem ersten Wettiner Albrecht verpfändeten Grafschaft an der schmalen Gera mit sieben Dörfern; dazu erhielten sie rund 150000 Gulden für Kriegskosten und Schadenersatz, und außerdem mußte sich der Rat verpflichten, den beiden Fürsten und ihren Nachkommen ein jährliches Schutzgeld von 1500 Gulden zu bezahlen. Dem Administrator Albrecht wurden in Amorbach 40000 Gulden bewilligt, wofür er der Stadt die Privilegien bestätigte und durch besondere Konkordate die beiderseitigen Rechte von neuem feststellen ließ.

Das Jahr 1483 bildet einen einschneidenden Wendepunkt in der Geschichte Erfurts. Das Heldenzeitalter, die Zeit der großen Bündnisse und der äußeren Machtentfaltung ist vorüber. Es beginnt der Kampf um die Selbständigkeit mit Mainz und Sachsen, von denen letzteres aus dem Weimarer

Vertrag und dem Lehensverhältnis, in welchem der Rat und viele Bürger zum Kurfürsten und Landgrafen standen, Ansprüche auf eine oberherrliche Gewalt über die Stadt ableitete, die weit über das Schutzrecht hinausgingen. Nur wenig hört man von dem der Bürgerschaft versprochenen Schutz. Akten und Briefe sind dagegen voll von Klagen über Gewaltthätigkeiten, die ohne sichtbare Ursache gegen die Stadt verübt wurden, welche jetzt nicht mehr wie früher gleiches mit gleichem vergelten kann, sondern sich aufs Bitten verlegen muß, damit ihr gnädiger Herr von Sachsen von weiteren Übergriffen abstehe. Erkühnte sich der Rat einmal, eine etwas freiere Sprache zu führen, sich auf seine Privilegien oder gar auf den Vertrag von Weimar zu berufen, wenn ihm Zumutungen gemacht wurden, die sich mit der Stadt Freiheiten nicht vertrugen, dann langten sofort Drohbriefe an, die Straßen wurden gesperrt und den Stadtfeinden im sächsischen Gebiet Unterkunft und Zuflucht gewährt. Die Stadt zog in solchen Fällen immer den kürzeren und konnte nur durch Vermittelung anderer Fürsten wieder zum Frieden mit dem mächtigen Nachbar gelangen. Rücksichtslos nutzte Sachsen seine Überlegenheit über Erfurt aus; Händel wurden vom Zaune gebrochen, um neue Ansprüche durchzusetzen. Mehr als einmal streckte es die Hand aus, um sich Erfurt anzueignen. Für die Stadt wäre es ein Glück gewesen, wenn die Kurfürsten ihre Absicht erreicht hätten. Als eine Residenz derselben würde sie die Förderung ihres Handels durch den angesehensten Fürsten Mitteldeutschlands erfahren haben, und Leipzig, das durch die Gunst der sächsischen Herzöge groß geworden ist, hätte nicht die Bedeutung erlangt, deren es sich auf Kosten Erfurts schon im 16. Jahrhundert erfreute. Mehrmals standen die sächsischen Fürsten dicht am Ziele ihrer Wünsche. Es hätte nur eines kühnen Zugreifens bedurft, um

Erfurt in ihre Gewalt zu bringen. Aber im letzten Augenblick scheuten sie doch vor einem Gewaltschritt zurück, der sie, wenn auch nur auf kurze Zeit, in viele verdrießliche Händel verwickelt haben würde. Das Bewußtsein, daß sie auch nicht einen Schein des Rechtes auf Erfurt hatten, lähmte in der entscheidenden Stunde ihren zum Schlage bereits ausholenden Arm; die Einnahme der Stadt kam einer Beraubung des Erzstiftes Mainz gleich, das begründete Ansprüche auf Erfurt besaß und sicherlich alles gethan haben würde, um mit Hilfe des Kaisers und der katholischen Stände Sachsen den Raub wieder zu entreißen. Das Schwanken der Kurfürsten zwischen kräftigem Wollen und schwächlicher Zaghaftigkeit, verbunden mit einer zuweilen geradezu gewissenlosen und absichtlichen Schädigung der Lebensbedingungen Erfurts, giebt ihnen in ihrem Verhalten gegen die Stadt den Anstrich des neidischen Nachbars, der lieber hilft, das streitige Gut zu zerstören, damit es nicht unversehrt in die Hände des glücklicheren Gegners falle. Dieser Gegner und Mitbewerber um den Besitz Erfurts, der Erzbischof von Mainz, ging klüger zu Werke; ihm standen Ansprüche zur Seite, die er mit großer Beharrlichkeit zur Geltung brachte, bis er endlich in dem langen Rechtsstreite den Sieg davontrug.

Mancherlei Umstände lassen erkennen, daß die Mainzer Erzbischöfe sich bis 1480 über ihre Rechte an Erfurt nicht recht im klaren waren. Der Rat hatte mit so großer Bestimmtheit die verschiedensten Ansprüche geltend gemacht, daß sich vermuten ließ, er sei im Besitz von Dokumenten, von denen sich im Mainzer Archiv weder Originale noch Abschriften vorfanden. Es war daher ein sehr kluger Gedanke des Erzbischofs Diether, daß er 1480 den Papst veranlaßte, jenem zu befehlen, bei Strafe des Bannes alle Urkunden vorzulegen, die sich auf sein

Verhältnis zu Mainz bezögen. Der Rat ging in die Falle; er gewährte dem päpstlichen Kommissar und den ihm beigegebenen mainzischen Beamten Einsicht in sein Archiv und gestattete ihnen auch, Abschriften von den wichtigsten Urkunden zu nehmen. Daraus erkannten die Mainzer, daß ihre Vermutung falsch war, daß nur durch geschickte Benutzung des unklaren Wortlautes vieler Verträge und Pfandverschreibungen, sowie durch Nachlässigkeit der Beamten und der Erzbischöfe selbst der Rat dazu gekommen war, sich manche der behaupteten Befugnisse beizulegen und sich durch jahrelange Ausübung im Besitz derselben zu befestigen. Das Domkapitel erkannte jetzt, daß noch nicht alles verloren, vieles dagegen durch kräftiges Vorgehen zu retten war. Alsbald erhielten die mainzischen Beamten in Erfurt neue Instruktionen, und der zum Küchenmeister ernannte Nikolaus Engelmann, ein Rheinländer von Geburt, bekam den Auftrag, alles zu thun, was zur Wiederherstellung der mainzischen Rechte dienen konnte. Engelmann entledigte sich seiner Aufgabe in geschickter Weise. Wie sein früherer Vorgänger im Amte, Hermann von Bibra, legte er alsbald eine Sammlung von Abschriften all jener Urkunden an, aus denen sich Ansprüche der Erzbischöfe auf die Stadt ergaben. Dann wurde er der geheime Leiter einer Opposition, welche es auf den Sturz des Rates abgesehen hatte. Geflissentlich verbreitete er Gerüchte von einer großen Schuldenlast, in welche die Gemeinde durch schlechte Wirtschaft des Rates geraten sei, und zugleich nährte er den Haß der Bürgerschaft gegen Sachsen, dem man vorwarf, es beabsichtige die Stadt in seine Gewalt zu bringen. Die Folge dieses Treibens war die Revolution von 1509, deren Endziel, die Beseitigung des Rates, nur daran scheiterte, daß dem Erzbischof die Machtmittel fehlten, um Sachsen aus dem Felde zu schlagen.

Was damals über die Schulden Erfurts verlautete, war nur zu wahr. Die großen Ausgaben der letzten Jahrzehnte, der Brand von 1472, der unüberlegte Zug nach Neuß, der Bau der Burg und des neuen Klosters für die in die Stadt versetzten Cyriaxnonnen, endlich die nach den Verträgen von Weimar und Amorbach an Sachsen und Mainz zu entrichtenden Vertragsgelder hatten Ausgaben veranlaßt, die ohne Aufnahme von Kapitalien nicht zu bewältigen waren. Eine ungeschickte Finanzverwaltung, sowie eine wenig angebrachte äußere Prachtentfaltung zu Ehren der Stadt ließ die Schulden bis zu 600000 Gulden anwachsen. Die Summe war zwar hoch, sie hätte aber getilgt werden können, wenn Rat und Gemeinde einig gewesen wären. Der Mangel dieser Einigkeit aber war es, der die Katastrophe herbeiführte. Außer durch die Umtriebe Engelmanns und seiner Freunde war die Gemeinde gegen den Rat noch dadurch eingenommen, daß dieser die Abgaben erhöht, eine Schlacht-, Mahl- und Getränkesteuer eingeführt hatte und dieselbe rücksichtslos eintrieb. Auch die wohlhabenden Kanoniker des Marien- und Severistiftes sollten jetzt zu den Stadtlasten beitragen, da sie viele seit alters schoßbare Grundstücke erworben hatten; sie weigerten sich aber entschieden dieser Forderung zu entsprechen und unterstützten nun auch ihrerseits die Bestrebungen der auf die Entfernung des Rates hinarbeitenden Partei.

Dem Andrange der inneren Feinde weichend, eröffnete der Rat 1509 der Gemeinde die Finanzlage der Stadt. Die Folge war die längst befürchtete Revolution, die Erzbischof Uriel und seine nach Erfurt geschickten Räte so gewandt zu lenken wußten, daß sie zunächst das Heft in Händen behielten. Von der Volkswut verfolgt, verließen die angesehensten Mitglieder des regierenden Rates die Stadt und suchten Zuflucht bei dem Kurfürsten von Sachsen, der sich vergeblich bemühte, die Bewegung in Erfurt zum Stillstand zu bringen und die erregten Bürger über die mainzischen Absichten aufzuklären. Alle Vermittlungsanträge aber wurden durch den Einfluß der Räte des Erzbischofs abgelehnt, denen es im Frühjahre 1510 gelang, die Wahl eines ihnen ergebenen Rates durchzusetzen, der einen neuen Eid leistete, wodurch ihrem Herrn die Unterthänigkeit der Stadt gewährleistet wurde. Zugleich setzten sie eine neue Regimentsordnung durch, welche die alten Familien vom Rate ausschloß, und sie befestigten sich in der Gunst der Gemeinde durch Abschaffung der jüngst eingeführten Steuern von den Lebensmitteln. Mainz hatte einen großen Erfolg errungen; es kam nur darauf an, denselben festzuhalten. Dazu hätte es einer Besetzung der Stadt mit mainzischen Söldnern bedurft, die zahlreich genug waren, um die Angriffe Sachsens abzuwehren. Allein der Rat wollte von einer solchen Maßnahme nichts wissen, und der Erzbischof scheute einen offenen Krieg mit Sachsen, das eine Besetzung Erfurts nicht zugelassen hätte. Daher blieb nach wie vor die Verwaltung in den Händen des Rates, der, wenn er auch während einiger Jahre ganz mainzisch gesinnt war, doch die Selbständigkeit nicht aufgeben wollte. Der Kurfürst Friedrich hatte unterdessen den Frieden aufgesagt, die Straßen gesperrt und die Zufuhren abgeschnitten. Er gestattete auch den Gläubigern, die jetzt selbst zum Schwerte griffen oder anderen ihre Rechte übertrugen, Aufenthalt und Zuflucht in seinen Landen, um auf die Erfurter zu fahnden und sie als gute Beute wegzuführen. Ihnen schlossen sich adlige und bürgerliche Raubgesellen an, die auf allen Straßen herumschwärmten und zu großen Haufen vereinigt die Erfurter Dörfer plünderten und ansteckten. Aus Rache für diese, von dem Kurfürsten teilweise begünstigten

Mordthaten und Überfälle wurde am 28. Juni 1510 auf Verlangen der erbitterten Bürger der Obervierherr Heinrich Kellner, welcher seit dem Beginn des Aufstandes in enger Haft gehalten worden war, nach Erduldung der ausgesuchtesten Martern hingerichtet. Er hatte durch sein hochmütiges Betragen die Wut der unteren Bevölkerungsklasse herausgefordert und war deshalb ins Gefängnis geworfen worden. Seine Schuld aber war nicht größer als die aller anderen Ratsherren, in deren Auftrag er die ihm besonders zur Last gelegte Verpfändung Kapellendorfs an Sachsen vermittelt hatte.

Durch die feindselige Haltung des Kurfürsten Friedrich geriet die Stadt zuletzt in eine arge Bedrängnis, zumal auch im Reiche die Gläubiger alle Erfurter, deren sie habhaft werden konnten, kümmern ließen. Der unterdessen zur Regierung gelangte Erzbischof und Kardinal Albrecht wußte keine andere Hilfe als Klagen beim Kaiser Maximilian, der den Kurfürsten von Sachsen zwar zum Frieden ermahnte, ohne jedoch einen Druck auf denselben auszuüben. Auf verschiedenen Reichstagen kam die Erfurter Frage zur Sprache; der Erzbischof suchte den Kaiser und die Reichsstände gegen Sachsen einzunehmen, aber er erlangte weiter nichts als Mahnschreiben, welche den Kurfürsten zur Beobachtung des Landfriedens aufforderten. So dauerte die Fehde von Jahr zu Jahr fort; nirgends war Hilfe zu ersehen, oder nur eine Aussicht auf Besserung der Lage zu erblicken. Da schlug die dem Erzbischof bisher so günstige Stimmung der Erfurter um; sie sehnten sich nach Frieden, und da der Kardinal Albrecht ihnen denselben nicht verschaffen konnte, so näherte sich der Rat dem sächsischen Kurfürsten. Im Jahre 1516 kam es zu dem Naumburger Vertrag, durch den die Stadt in das Schutzverhältnis von 1483 zurückkehrte, während Kurfürst Friedrich alle Ungnade fallen ließ. Die ausgetretenen Bürger durften zurückkehren und erhielten ihre mit Beschlag belegten Güter zurück. Zwei Jahre später wurde auch die Regiments= verordnung von 1510 beseitigt und der Zustand wieder her= gestellt, wie er vor 1509 gewesen war. Der anfangs so viel versprechende Anschlag des Mainzer Erbherrn war voll= ständig gescheitert und Erfurt fester als vorher an Sachsen ge= kettet. Der Kurfürst Friedrich nahm sich jetzt auch der Stadt redlich an und half ihr die Schulden tilgen. Durch seine Vermittelung gelang es, daß die meisten Gläubiger sich mit dem dritten Teil ihrer Forderungen begnügten.

Dem Erzbischof Albrecht kam der Naumburger Vertrag höchst überraschend. Er gab der Stadt seinen Unmut über ihren Treubruch zu erkennen und verlangte alsbald Vorlegung der Vertragsbedingungen. Allein der Rat lehnte diese Zu= mutung mit den verbindlichsten Worten ab und beschickte auch den Reichstag nicht, wo die Händel mit Sachsen aber= mals zur Sprache gebracht werden sollten. Dieses hatte für jetzt das Spiel gewonnen, das ihm auch 1521 durch ein Edikt Karls V., welches Herstellung des Zustandes vor 1516 befahl, nicht mehr verdorben werden konnte.

Der Handel Erfurts hatte durch die fast siebenjährige Fehde mit Sachsen ungemein gelitten, und viele Bürger waren an den Bettelstab gekommen. Man sah jetzt ein, wie thöricht es gewesen, sich dem Erzbischof in die Arme zu werfen, der in Thüringen gar nicht die Macht besaß, um die Haupterwerbs= quelle der Stadt zu schützen. Nur enger Anschluß an Sachsen, das die Handelsstraßen beherrschte, konnte vor der Wieder= kunft so schwerer Zeiten bewahren. Der wieder an das Re= giment gekommene alte Rat vergaß zudem die Feindschaft nicht, mit welcher der Erzbischof, die Beamten und der Klerus ihn in den vergangenen Jahren verfolgt hatten; sich dieser Gegner zu entledigen, war eine Pflicht der Selbsterhaltung. Die Zeitverhältnisse waren ihm dabei äußerst günstig. Die Schriften Luthers fanden in der Stadt eine schnelle Verbreitung und fast nirgends geschah der Abfall von der alten Kirche so schnell wie in Erfurt. Im Jahre 1521, wo das erwähnte Edikt Karls V. eintraf, war der größte Teil der Bürger schon evangelisch; die Klöster der Bettelmönche und viele Pfarrkirchen standen leer, während in anderen ausgetretene Mönche in evangelischer Weise Gottesdienst hielten. Der Rat, obschon in ihm fast lauter Katholiken waren, ließ diese Prediger ruhig gewähren, der Abfall von der katholischen Kirche war ihm gleichbedeutend mit Befreiung von der Mainzer Herrschaft. Er ließ es auch geschehen, daß 1521 infolge der Maßregelung einiger Kanoniker, die sich bei der Einholung Luthers am 6. April beteiligt hatten, Gesellen und Studenten sich zusammenrotteten und mehrere Nächte lang die Häuser der Stiftsherren am Marienberge erbrachen und ausplünderten, so daß die Insassen ihr Heil in der Flucht suchen mußten. Erst als die geängstigten Geistlichen um Schutz baten und 10000 Gulden bezahlten, da verhinderte der Rat die Wiederholung der nächtlichen Tumulte; von einer Bestrafung der Rädelsführer verlautet aber nichts. Man erkennt in diesem Verhalten unschwer die Antwort des Rates auf die frühere Weigerung der beiden Stifter, etwas zu den Lasten der Stadt beizutragen, deren Schutz sie doch beanspruchten. Man sagte sich, daß sie keinen Anspruch auf Schutz hätten, da sie nichts dafür leisteten. Daher ließ man sie denselben erst erkaufen, bevor gegen die Ruhestörer eingeschritten wurde. Weiter aber als auf Verhinderung thätlicher Angriffe dehnte der Rat seinen Schutz nicht aus. Er ließ die evangelischen Prediger trotz des Wormser Ediktes schalten und walten und verbot ihnen nur allzu heftige und aufreizende Reden. Immer kleiner wurde das Häuflein der Katholiken; der Rat selbst war eine kurze Zeit lang überwiegend evangelisch, die Klöster standen entvölkert, nur die beiden Stiftskirchen Mariä und Severi hatten sich noch in der andringenden Flut behauptet. Gelang es dem Rat, die Kanoniker zu vertreiben, dann hatte die katholische Kirche ihren letzten Rückhalt in der Stadt verloren und damit der Erzbischof allen Einfluß. Das Jahr 1525, wo die Bauern des Erfurter Gebietes sich erhoben und unter den kleineren Bürgern in der Stadt vielen Anhang gefunden hatten, brachte eine unwiederbringliche Gelegenheit, die Wünsche des größten Teiles der Bevölkerung und des Rates zur Ausführung zu bringen. Als daher die Bauern vor der Stadt lagerten und stürmisch Einlaß begehrten, wurden ihnen plötzlich die Thore geöffnet, und der Stadthauptmann führte sie gegen die Häuser der Stiftsgeistlichen, die gänzlich ausgeplündert wurden, und gegen die mainzischen Amtshäuser, das Zoll= und Henkerhaus, die Gerichtshäuser und den Mainzerhof, die bis auf den letzteren der Zerstörung anheim fielen. Der damalige Oberratsmeister Adolar Huttener zeigte sich in freundlichem Verkehr mit den plündernden Bürgern und Bauern, und es hat allen Anschein, daß der Rat den Angriff mit Absicht gegen die Stiftskirchen und die mainzischen Gebäude gelenkt hat. Dafür spricht auch, daß kurz vor dem Einzug der Bauern alle Kost= barkeiten in den beiden Stiftskirchen unter dem Vorwand beschlagnahmt wurden, daß man sie auf dem Rathause gegen Gefahren schützen und sicher aufbewahren wolle.

Hätte der Rat jetzt einen engen Anschluß an Sachsen gesucht, dann wäre es um die Mainzer Herrschaft geschehen gewesen. Aber er fürchtete wieder allzusehr für seine Selbständigkeit, lehnte alle Aufforderungen des Kurfürsten zum Anschluß an den

Bund der Evangelischen ab und versicherte nur in allgemeinen Redensarten, daß er beim reinen Worte Gottes bleiben werde. Diese unentschiedene Haltung machte den Erfolg des Jahres 1525 wieder zu nichte. Die Gewaltthätigkeiten der Bauern hatten viele Bürger stutzig gemacht, die schwankenden zogen es vor, bei der alten Kirche zu bleiben. Nach und nach kehrten die Kanoniker und einzelne Mönche wieder zurück; sie feierten die Messe anfangs nur still und bei verschlossenen Thüren, aber schon 1526 wird wieder öffentlich katholischer Gottesdienst gehalten, der im Jahre vorher gänzlich verstummt war, während zugleich im Rat die katholische Partei an Einfluß gewinnt. Auch der Erzbischof war nicht unthätig geblieben; er hatte beim Kaiser, Reichskammergericht und schwäbischen Bund Klage wegen der Vorgänge in Erfurt erhoben und verlangte neben vollständiger Wiedereinsetzung in seine Rechte einen großen Schadenersatz. Nach langen Verhandlungen kam es endlich 1530 durch Vermittelung des schwäbischen Bundes zum Vertrage von Hammelburg, worin der Stadt die Religionsfreiheit zugesichert wurde. Dagegen sollte sie die zerstörten Gebäude wiederherstellen und sowohl den Erzbischof als auch die Kanoniker entsprechend entschädigen. Die lässige Ausführung des zweiten Teiles des Vertrages führte zu neuen Klagen und Prozessen, die, indem sich immer neue Streitpunkte fanden, erst 1664 ihr Ende erreichten. Somit war der im Jahre 1525 unternommene Schritt zur Befreiung von der Mainzer Herrschaft gänzlich durch die Unentschlossenheit des Rates gescheitert. Die Abhängigkeit vom Erzbischof blieb bestehen, und an dessen Widerspruch scheiterten die Versuche, im Passauer Frieden für Erfurt die Reichsstandschaft zu erlangen.

Von einer äußeren Politik der Stadt ist in dieser Zeit kaum mehr die Rede. Der Kurfürst von Sachsen, verstimmt

über die ablehnende Haltung des Rates in den Bündnis=
fragen, machte seinem Unmute in mancher Weise Luft. Im
Jahre 1533 sperrte er wieder Straßen und Wege, weil der
Rat ihm das Geleit in der Stadt verweigerte; erst durch Ver=
handlungen in Leipzig wurde der Friede wiederhergestellt.
Dann verlangte der Kurfürst, die Stadt solle der sächsischen
Lehen wegen die Landtage beschicken, Steuern bezahlen und
die neu verfaßte Kirchenordnung einführen. Das veranlaßte
viele Tagfahrten und Verhandlungen, die meist ohne ein be-
stimmtes Ergebnis verliefen. An dem schmalkaldischen Kriege
hat Erfurt nicht teilgenommen; doch sollte es dem Kaiser 100000
Gulden Beitrag zum Kriege bezahlen; es gelang jedoch zuletzt,
die Forderung auf 30 000 Gulden herabzumindern.

Der Augsburger Religionsfriede brachte eine kurze Zeit
innerer Ruhe. Der Handel blühte wieder auf, und die Bürger
erfreuten sich eines zunehmenden Wohlstandes. Der Fortschritt
der evangelischen Lehre in Deutschland war auch in Erfurt
bemerkbar, und wie überall, so zeigte sich auch hier ein Nach=
lassen des Widerstandes der katholischen Kirche. Im Jahre
1580 fristete dieselbe nur noch ein kümmerliches Dasein, sie
schien ihrem gänzlichen Erlöschen nahe. Da begann die Gegen=
reformation durch die Jesuiten, welche auch in Erfurt ihren
Einzug hielten. Einige Mitglieder dieses Ordens rüttelten
durch ihre Predigten die Geistlichen aus ihrer Erschlaffung
auf, so daß sie ihres Amtes eifriger als bisher walteten. Vom
Rat und den evangelischen Predigern aufs heftigste angefochten,
behaupteten sich die ersten Jesuiten nur mühsam in der Stadt,
bis 1604 der Erzbischof Johann Schweikardt zur Regierung
kam und zielbewußt die Gegenreformation ins Werk setzte.
Er gestattete den Jesuiten, öffentlich in der Ordenstracht zu
erscheinen, räumte ihnen eine dauernde Wohnstätte ein und

unterstützte ihre Bestrebungen so, daß die evangelische Kirche in eine ernste Gefahr geriet. Wie vor 100 Jahren, so fand ich auch jetzt wieder ein tüchtiger Beamter, der auf das nach= drücklichste die Absichten seines Herrn förderte. Der Provisor im Mainzer Hof, Licentiat Adam Schwind, ein in jeder Be= ziehung rechtschaffener Mann von vornehmer Gesinnung, führte wie seine Vorgänger Hermann von Bibra und Nikolaus Engel= mann in einem dicken Folianten den Nachweis, daß Erfurt nichts weiter als eine Mainzer Landstadt sei, der es nur durch die Schuld der Erzbischöfe und des Domkapitels gelungen wäre, einen hohen Grad von Selbständigkeit zu erringen. Die Beweise, die er beibrachte, gaben dem Erzbischof die Mittel an die Hand, von neuem den Versuch zu machen, eine größere Abhängigkeit der Stadt herbeizuführen; das thatkräftige Handeln der katholischen Reichsfürsten versprach dazu im Notfalle eine kraftvolle Unterstützung. Dem Rate wurde es bange bei dem doppelten Angriff auf das evangelische Bekenntnis und die Freiheit der Stadt; er entschloß sich daher auf Schwinds ver= ständige Vorschläge hin im April 1618 einen Vertrag einzu= gehen, welcher beiden Kirchen vollständige Freiheit einräumte. Zudem verpflichtete er sich, fortan die Türkensteuer an den Erzbischof abzuführen, diesen dadurch als seinen Herrn aner= kennend. Um von Mainz loszukommen, hatte der Rat sich nämlich bemüht, direkt zu dem Reiche in ein Verhältnis zu treten, wozu die Leistung jener Steuer ein bequemes Mittel bot. Aber die Erzbischöfe hatten die Absicht, die auf Erlangung der Reichsunmittelbarkeit zielte, durchschaut und beim Kaiser Verwahrung eingelegt. Daher war seit 1592 die Annahme der Türkensteuer seitens des Kaisers verweigert worden und die Erzbischöfe hatten beim Reichskammergericht einen Prozeß wegen der verweigerten Steuer angestrengt. Jetzt gab der Rat nach und bezahlte 70000 Gulden, welche er seit 1592 angeblich schuldig geblieben war. Der Vertrag von 1618 ist schon der Anfang vom Ende der städtischen Freiheit. Nur die Aufnahme unter die Reichsstände konnte Erfurt vor der voll=

ständigen Unterwerfung unter die Mainzer Hoheit bewahren; gelang dies nicht, dann mußte sich die Stadt einem der anerkannten Reichsstände unterwerfen, denn für Städte mit halber Freiheit war kein Raum mehr in der neuen Reichsordnung. Die Erzbischöfe sorgten dafür, daß die Bemühungen des Rates, Erfurt in die Reichsmatrikel aufnehmen zu lassen, vergeblich blieben, und daß ihnen die Stadt endlich als eine reife Frucht in den Schoß fiel. Wie ein schon dem Tode verfallener Kranker sich zuweilen kurz vor dem Ende noch einmal aufrafft und alle Kraft zusammennimmt, um dem nahenden Schicksale zu entgehen, so strengte auch der Rat am Ende des dreißigjährigen Krieges alles an, um in dem westphälischen Frieden die Reichsfreiheit zu gewinnen. Die Kräfte aber versagten im entscheidenden Augenblick, und vollständig erschöpft wurde die Stadt eine Beute des seit zweihundert Jahren nach ihrem ungeschmälerten Besitz lüsternen Erbherrn.

Wie alle anderen Städte Deutschlands, so litt auch Erfurt schwer unter der Geißel des dreißigjährigen Krieges. Sächsische, Wallensteinische und Tillysche Truppen hausten nach einander in den Dörfern; was diese Banden übrig ließen, wurde von den Marodeuren und Räuberbanden vollends vernichtet. Hunger und Seuchen decimierten die Bevölkerung innerhalb und außerhalb der Stadt, und nur durch große Kontributionen hatte der Rat die Besetzung der Stadt durch fremde Truppen verhindert. Am 22. September 1631 aber mußte sie ihre Thore dem siegreichen Schwedenkönige öffnen, der Erfurt als einen wichtigen Stützpunkt für seine weiteren Operationen in Besitz nahm. Nach kurzem Aufenthalt, den ihm die Begeisterung der Bürger zu einem recht angenehmen machte, verließ Gustav Adolf Erfurt, indem er dessen möglichste Schonung dem Herzog Wilhelm von Weimar empfahl, den er als Gouverneur zurückließ. Aber dieser achtete den königlichen Befehl gering, legte den Bürgern schwere Abgaben auf und drängte den König, ihm Erfurt als Entschädigung für seine Kriegsdienste zum Eigentum zu überlassen. Gustav Adolf ging aus politischen

Gründen auf dieses Ansinnen nicht ein, und um dem unbequemen Drängen ein Ende zu machen, schenkte er durch einen Gnadenbrief vom 9. Oktober 1632 dem Rate nicht nur alle bisher vom Erzbischof geübten Rechte, sondern auch alle mainzischen Güter und Besitzungen samt den Klöstern, Stiftern und katholischen Kirchen, die ihm nach dem Kriegsrechte verfallen waren.

Der Rat stand so am Ziele aller seiner Wünsche und Hoffnungen und schickte sich alsbald an, die Bestimmungen der königlichen Schenkung durchzuführen. Der Mainzer Hof wurde verpachtet, Mönche und Jesuiten wurden ausgewiesen, im Dome erklangen wieder deutsche Choräle wie zur Zeit der Reformation, und der Schultheiß hielt das Gericht im Namen des Rates. Doch wie ein Traum verging diese kurze Herrlichkeit; der Prager Friede bereitete ihr 1635 ein jähes Ende. Der Rat war zufrieden, daß er bei dem Zusammenbruch seiner Souveränität wenigstens die Religionsfreiheit für die Evangelischen rettete. Noch einmal schien das Glück zu winken, als Banner nach der Beschießung am 19. Dezember 1636 die Stadt und Burg besetzte. Allein der General hielt das Versprechen, welches er bei der Kapitulation gegeben hatte; er ließ den mainzischen Besitz und die katholische Kirche unangetastet. Nach zwölf schrecklichen Jahren, während denen Seuchen und Hungersnot die Bevölkerung massenhaft dahinrafften, kam endlich der Friede. Er fand Erfurt gänzlich verarmt, denn der Rat hatte die letzten Mittel darauf gewendet, um mit Schwedens Hilfe die Aufnahme unter die Reichsstände zu erlangen. Aber der Widerspruch der Mainzer und der mit ihnen verbündeten kaiserlichen Gesandten machte alle Bemühungen zu schanden. Damit war das Schicksal Erfurts entschieden. Die neue Reichsordnung kannte nur souveräne Reichsstände; Erfurt hatte seine Aufnahme unter dieselben nicht durchsetzen können. Es blieb ihm keine Zeit, den zukünftigen Herrn auszuwählen. Gleich nach dem Frieden setzte der Erzbischof alle Hebel in Bewegung, um sich der Stadt zu versichern, auf die kein anderer außer ihm Anrecht hatte. Mit denselben Mitteln wie im Jahre 1509 suchte er sich der Menge zu versichern, um mit ihrer Hilfe den Rat zu stürzen. Der Kaiser lieh die nachgesuchte Hilfe und ließ durch seine Gesandten den Nachweis führen, daß der Rat schlecht gewirtschaftet und dadurch den Ruin der Stadt herbeigeführt habe. Als aber der Rat sich trotzdem behauptete und die Bürger begriffen, was des Kaisers und des Erzbischofs Absicht sei, da erfolgte die Acht, mit deren Vollstreckung der Erzbischof Johann Philipp beauftragt wurde. Da dieser allein die stark befestigte Stadt nicht einzunehmen vermochte, so nahm er die Hilfe seines Bundesgenossen, Ludwigs XIV., Königs von Frankreich, in Anspruch. Nach einer heftigen Beschießung öffnete endlich am 5. Oktober 1664 Erfurt den Siegern die Thore und huldigte seinem gnädigen Herrn von Mainz.

Johann Philipp war verständig genug, sich mit diesem Erfolg zu begnügen und nicht durch Beschränkung der Religionsfreiheit den Widerstand der zum allergrößten Teil evangelischen Bürger herauszufordern. Das ganze Vermögen der Stadt und die derselben gehörigen Dörfer wurden aber in Besitz genommen und dem Mainzer Staate einverleibt, nachdem mit Sachsen eine Auseinandersetzung wegen der von ihm zu Lehen gehenden Dörfer durch den Leipziger Receß von 1665 erfolgt war. Die Wahl des Rates zwar fand fortan noch wie in früheren Jahren statt, aber er bedurfte der Bestätigung des Erzbischofs. Seine Selbständigkeit war vollständig gebrochen; er war nichts weiter als ein Organ der kurfürstlich mainzischen Regierung.

Die Katastrophe von 1664 gleicht dem Schlußakte eines großen Dramas. Glücklich hatte der Rat im 13. Jahrhundert die Stadtverwaltung an sich gerissen; sein kühnes und überlegtes Handeln brachte darauf eine Zeit des Glanzes und Ruhmes für die Stadt. Dann aber unterließ er es, im rechten Augenblick die Aufnahme unter die Reichsstädte zu bewirken, und seine eigene Unklugheit gab dem Erzbischof die Mittel an die Hand, die Wiedereinsetzung in alle seine Rechte anzustreben.

Nach langem und tapferem Ringen unterlag endlich der Rat im Kampf mit dem Erbherrn, dessen ursprünglich geringe äußere Macht durch die Gunst der Zeitverhältnisse bedeutend erstarkt war.

Durch die sogenannte Reduktion von 1664 wurde Erfurt wieder, was es ursprünglich gewesen war, eine Mainzer Landstadt. Wie vor dem Jahre 1250 wird sie wieder von mainzischen Beamten regiert, und ihr Schicksal ist abermals auf das engste mit dem des Erzbischofs und seines Staates verknüpft. Es hätte des Baues der Citadelle Petersberg nicht bedurft, um die Bürger im Zaume zu halten, die alle von dem Bedürfnis nach Ruhe und Frieden erfüllt waren. Groß war die Armut der Stadt während des 18. Jahrhunderts, und alle gut gemeinten Maßregeln des Landesherrn vermochten derselben nicht abzuhelfen. Als Preußen 1802 Erfurt besetzte, fand es die ganze Verwaltung in einem trostlosen Zustande und die Stadt tief heruntergekommen. Bevor aber die geplanten Reformen durchgesetzt werden konnten, rückten 1806 die Franzosen ein, die vollends durch unaufhörliche Forderungen an Geld und Naturalien den gänzlichen Ruin herbeiführten. Sehr viel fand die preußische Regierung zu thun, als sie nach dem Abzuge der Franzosen wiederkehrte. Sie setzte das 1806 unterbrochene Reformwerk fort und entriß endlich nach unglaublicher Mühe Erfurt dem tiefen Verfall. Allmählich kehrte auch wieder einiger Wohlstand ein, aber der Handel konnte sich nicht recht entfalten, weil die Festungswälle sowohl der Ausdehnung der Stadt, wie der Anlage von Fabriken äußerst hinderlich waren. Erst nach der Niederlegung der Wälle wurde Raum für eine freie Entfaltung des Handels und der Industrie geschaffen, und jetzt steht zu hoffen, daß Erfurt einer zweiten Periode der Blüte entgegengeht.